中学基礎がため100%

できた！中2国語

読解

KUMON

本書の特長と使い方

中2国語 読解

●「文法」「読解」「漢字」の3冊構成なので、
目的に応じた学習ができます。

本シリーズは、十分な学習量による繰《く》り返し学習を大切にしているので、「文法」「読解」「漢字」の3冊構成となっています。

「読解」は、読解分野だけを取り上げて1冊にしているので、読解の基《き》礎《そ》を系統的に十分な練習量で学習することができ、学力を確実につけることができます。

本書の構成と使い方

本書は、力をつけるトレーニング部分（基本問題）と、力を試《ため》すテスト問題（標準問題・完成問題）とで構成されています。

一回分は見開き二ページで100点満点です。一回ごとにレベルアップした問題配列になっていますので、一問ずつ順番に取り組みましょう。

① **基本問題** … 単元（小説なら「場面をとらえる」など）の学習内容を、一問ごとに順を追って学習します。ここで「基本的な学習内容」を理解し、身につけましょう。

② **標準問題** … 単元の内容をあつかった総合問題です。標準レベルのテスト問題にチャレンジします。

②標準問題

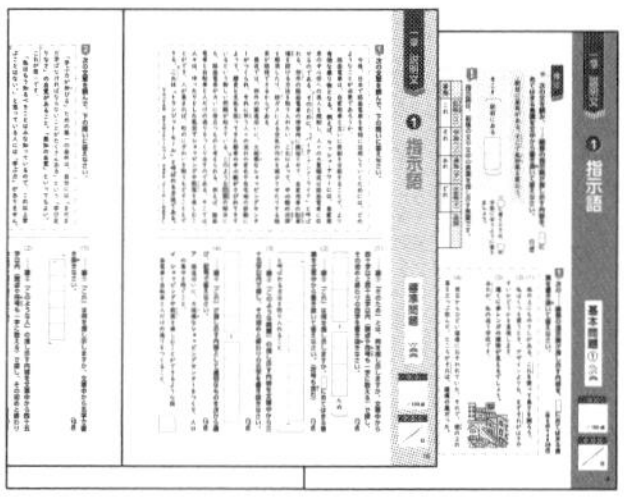

①基本問題

③ **完成問題** … 説明文や小説など、章の内容をあつかった総合問題です。標準レベルのテスト問題にチャレンジします。基本問題・標準問題で学習した事項《じこう》をあつかっていますが、文章が長くなっていますので、少し時間をかけて文章を読む必要があります。

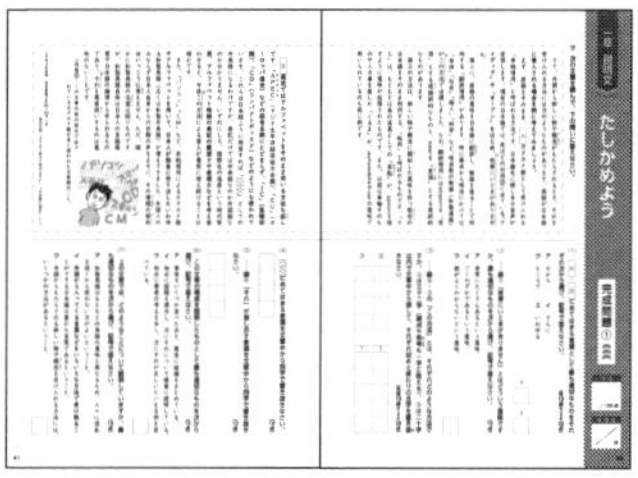

③完成問題

【アイコンの説明】

確認 新しい内容の学習がスタートするところです。最も基本的な問題で確認《かくにん》して単元の学習をはじめましょう。

！ 各単元の学習ポイントや、必要な知識が整理してあります。

書いてみよう 書いて表現する力をつけるための基礎的な練習問題です。指定の字数はそれほど多くありませんので、ノートや原稿《げんこう》用紙を用意して書いてみましょう。別冊解答に文章例がありますので、書いたあとで参考にしてください。

※解答書は、本書のうしろにのり付けされています。引っぱると別冊になります。解答書と答え合わせをして、まちがえたところは「解説」のところをよく読んで直しましょう。

中2国語　読解　もくじ

一章　説明文

二章　小説

三章 随筆

四章 詩

五章 古典

「教科書との内容対応表」から、自分の教科書の部分を切りとってここにはりつけ、勉強をするときのページ合わせに活用してください。

1 指示語

確認

★ 次の文を読み、――線部の指示語が指し示す内容を、□にあてはまる言葉を文中から書き抜《ぬ》いて答えなさい。(11点)

・駅前に薬局がある。そこで風邪《かぜ》薬を買おう。

そこ＝〔駅前にある□□〕

※□に書くときは、□の字数に合うように書きましょう。

! 指示語は、前後の文や文中の言葉を指し示す言葉です。

	近称《きんしょう》(コ)	中称(ソ)	遠称(ア)	不定称(ド)	品詞
事物	これ	それ	あれ	どれ	代名詞（名詞）
場所	ここ	そこ	あそこ	どこ	
方向	こちら こっち	そちら そっち	あちら あっち	どちら どっち	
指定	この	その	あの	どの	連体詞
様子	＊こんな	そんな	あんな	どんな	連体詞
状態	こう	そう	ああ	どう	副詞

＊「こんな」などを形容動詞の語幹とする考え方もあります。

●指示語と同じ働きをする言葉には「これら・そのように・以上・前者」などもあります。

基本問題①

得点 ／100点

学習日 ／ 日

1 次の――線部の指示語が指し示す内容を、□にあてはまる言葉を書き抜《ぬ》いて答えなさい。(各6点×4＝24点)

(1) 机の上にものさしがある。これを使って長さを測ろう。

(2) 私はくつを買うとき、デザインよりも、まずそれがはきやすいかどうかを重視します。

(3) 遠くに赤レンガの建物が見えるでしょう。あれが、私の通う学校です。

(4) 前日からひどい頭痛におそわれていた。それで、棚《たな》の上の薬を三つぶ飲んだ。ところがそれは、腹痛の薬だった。

(1) 〔机の上にある□□□□〕

(2) □□

(3) 〔遠くに見える□□□□□□□〕

(4) □□□□□

2 次の――線部の指示語が指し示す内容を、□にあてはまる言葉を書き抜《ぬ》いて答えなさい。

（各5点×13＝65点）

1

(1) やっと駅に到着《とうちゃく》した。ここから会場までは歩いて十分程度らしい。

(2) 光さえ届かない深海。そこには人間の知らない生物もたくさん生息しているだろう。

(3) 川沿いに小さな公園があります。そこで待っています。

(4) 右前方に花で飾《かざ》られた門があるでしょう。あそこから選手が入場するそうです。

(5) 大通りに、新しい図書館が建った。あそこに行けば、探している本がきっと見つかるはずだ。

(1) □

(2) □□

(3) 〔□□□にある□□□□□〕

(4) 〔右前方にある□□□□□□□〕

(5) 〔大通りに建った□□□□□□〕

2

(1) みんなはもう待ち合わせ場所の公園にいます。君も、早くこちらに来てください。

(2) 私は今、父の故郷に来ているが、こっちに来てから本ばかり読んでいる。

(3) 北海道にいる大前《おおまえ》さん、そちらのお天気はいかがですか。

(4) 君の家に遊びに行こうと思ったけど、今日は朝から体調が悪い。だからそっちに行くのはやめようと思う。

(5) 向こうの棚《たな》の上に赤い帽子《ぼうし》がありますね。あちらを見せてください。

(6) おばさんはアメリカで生活している。姉もあっちに住みたいとよく言っている。

(1) 〔□□□□□□□の□□〕

(2) □□□□

(3) □□□

(4) □□□

(5) 〔棚《たな》の上にある□□□□〕

(6) □□□□

1 指示語

基本問題②

得点　／100点

学習日　／　日

1 次の——線部の指示する内容を、□にあてはまる言葉を書き抜《ぬ》いて答えなさい。（各5点×8＝40点）

1

(1) 手元に、子供の頃《ころ》に家族で箱根《はこね》に行ったときの写真が一枚ある。この写真を見るたびに楽しかった旅行のことを思い出す。

(2) 先週の日曜日、学校で運動会が行われました。その日は一日晴天にめぐまれました。

(3) そういえば、みんなで動物園へ行こうと話し合ったけど、あの話は、どうなったのかな。

(1) □□□□□□□□□□の写真

(2) □□□で□□□が行われた先週の日曜日

(3) □□□で□□□へ行く話

2

(1) 八百屋の店先に直径一メートルはあろうかという大きなかぼちゃが置いてあった。私は、こんなかぼちゃを生まれて初めて見た。

(2) 遊園地の入園料が中学生から大人料金だなんて、そんなことちっとも知らなかった。

(3) テストに出そうなところも、勘《かん》を頼《たよ》りに勉強をするらしい。あんな方法では、いくらやってもだめだろう。

(1) □□□□□□□□□□□□□□□□□□□かぼちゃ

(2) □□□□□□□□□□□□□□□□□□□だということ

(3) □□□□□□□□□□ような方法

2 次の――線部の指示する内容を、□にあてはまる言葉を書き抜《ぬ》いて答えなさい。

（各10点×6＝60点）

1

(1) 二人とも相手の言葉が信用できないらしい。こうなっては、二人で協力して何かをするというのは無理である。

(2) 子供が欲《ほ》しがる物を親は何でも買ってあげたいと思う。だが、そうすることがよくないことであるのはたいていの親は知っている。

(3) 彼女《かのじょ》は、大声でわめきちらすとやがて泣き始める。彼女が怒《おこ》ると、いつもああなるから困るんだ。

(1) □□□□□□□□□□ようになっては

(2) □□□□□□□□を何でも買ってあげること

(3) □□□□□□□□□□□□□□□□□□

※文（内容のひとまとまり）の一部を書き抜くときは、文末の句点（「。」）は書き抜きません。

2

(1) 人々に食用として好まれる魚にカツオやマグロがあります。これらは、サバ科の魚です。

(2) 人間が存在するから世の中の物が存在するのだという考え方があるようです。しかし、そのような考え方は、人間をあまりに中心に置いた考え方だといえないでしょうか。

(3) 明治時代の初期には、ヨーロッパの文物を素早《すばや》く取り入れられるように、日本の公用語をフランス語やドイツ語にしようという意見が出されました。一方、日本語の中にたくさんの外来語を取り入れればよいという意見も出されました。結果、前者は、急進的過ぎるとして採用されませんでした。

(1) □□□□□□□

(2) □□□□□□□□□□□□□□□□□□□□□□□□ような考え方

(3) □□□□□□□□□□□□□□□□□□□

1 指示語

基本問題③

得点

／100点

学習日

／　日

1 次の文章を読み、——線部の指示する内容を□に書き抜きなさい。（各10点×4＝40点）

① 山菜などの多いクマとの出会いの現場には、大きな木はないか、あっても少し離《はな》れているであろう。そこまでたどりつく暇《ひま》があるかどうか、それが問題である。

（平成14年度版　東京書籍2年17・18ページ　玉手英夫「クマに会ったらどうするか」）

（□□□□のある所）

② 浮世絵《うきよえ》の中心をなしているのは、評判の美人や歌舞伎《かぶき》役者たちのブロマイドであるのだが、それにとって、最も大事なことはなんだろう。似ているという一点に絞《しぼ》られる。どんなに構図や色使いが優《すぐ》れていても、当人に似ていなければファンは買ってくれない。

（平成14年度　光村図書2年253ページ　高橋克彦「江戸の人々と浮世絵」）

③ 連作障害が起こるもう一つの原因は、植物自身が出す老廃物《ろうはいぶつ》などが土の中にたまり、農作物の生長を妨《さまた》げるからです。畑だとそれがどんどんたまってしまうのですが、水田は、心土《しんど》がコンクリートと違《ちが》って僅《わず》かずつ水を通すので、その水と一緒《いっしょ》に老廃物も流してくれるのです。

（平成28年度版　三省堂2年263・264ページ　岡崎稔「水田のしくみを探る」・『調べてみよう　暮らしの水・社会の水』改より）

（□□□□□□□□□など）

④ だれにも、「その人にしかできないこと」があるはずなのだ。「自分の役割」に若いうちに気づく人もいれば、年を重ねていくうちに気づく人もいるだろう。なかには、死を迎《むか》えるときになって、「ああ、自分の役割とは、あのことだったんだ。」と気づく人もいるはずだ。ぼくの場合、「障害」というわかりやすい目印だったために、自分の役割に気づいたのが、たまたま早かったのだろう。それに気づく時期は、人によってさまざまなのかもしれない。

（平成14年度版　三省堂2年98ページ　乙武洋匡「心のバリアフリー」・『五体不満足』改より）

2　――線部の指示する内容を文章中から書き抜《ぬ》きなさい。（各12点×4＝48点）

1

ホタルは、人里の昆虫《こんちゅう》だといわれます。人里の自然を思い浮《う》かべると、雑木林、畑、田んぼ、川、ため池などがあげられます。①それは、長い年月をかけて、人の手が加えられてきた自然だといえるでしょう。②このような自然が、ホタルの暮らす環境《かんきょう》なのです。

（平成14年度版　三省堂２年45ページ　大場信義「ホタルの里づくり」・『ホタルの里』改より）

①〔　　　　〕など

②〔　　　　〕ような自然

2

人間の「知性」は、自分たちだけの安全と便利さのために自然をコントロールし、意のままに支配しようとする、いわば「攻撃《こうげき》的な知性」だ。この「攻撃的な知性」をあまりにも進歩させてきた結果として、人間は環境破壊《はかい》を起こし、地球全体の生命を危機に陥《おとしい》れている。これに対して、鯨《くじら》や象のもつ「知性」は、いわば「受容的な知性」とでも呼べるものだ。

（平成28年度版　教育出版２年167ページ　龍村仁「ガイアの知性」）

〔人間のもつ「知性」である「　　　　」〕

3

夏は海に入ると気持ちがよいので、岩から跳《と》び込《こ》んで海水浴をして楽しむ子ザルも現れた。泳ぐという行動は生まれつき持っていて、いったん海へ入れば誰《だれ》でも泳ぐことができる。しかし、この群れは海へは入らない、という文化を持っていたのだ。そのしきたりを子供が破り、大方のサルが海に入るようになった。

（平成28年度版　学校図書２年172ページ　河合雅雄「若者が文化を創造する」・『子どもと自然』より）

〔　　　　というしきたり〕

3　――線部の指示する内容を文章中の言葉を使って書きなさい。（12点）

丘《おか》にかかるとき、再度ひざを折ったキリストは、もう立ち上がる力のないように見えました。人々はこのとき、シモンと呼ぶ農夫に十字架《じゅうじか》の片一方をかつがせたということです。シモンはこの命令に反抗《はんこう》しなかった。おそらくこの苦役《くえき》を拒絶《きょぜつ》すれば人々から殴《なぐ》り殺される恐《おそ》れがあったためでしょうが、力のない目つきで彼《かれ》の助けを哀願《あいがん》しているキリストの痛ましい姿が、彼の素朴《そぼく》な同情をわかせたのでしょう。

（平成14年度版　東京書籍２年214・215ページ　遠藤周作「ヴェロニカ」・『聖書のなかの女性たち』より）

〔　　　　という苦役〕

1 指示語

標準問題

得点　／100点

学習日　月　日

1 次の文章を読んで、下の問いに答えなさい。

今後、日本で路面電車を有効に活用していくためには、どのようなことが必要であろうか。

路面電車は、自家用車と互《たが》いに役割を分担することで、より有効な乗り物となる。例えば、ラッシュ-アワーには、自家用車の中心街への進入を規制し、人々の大量輸送は路面電車に任せるのである。①そのために、「パーク-アンド-ライド」と呼ばれる、郊外《こうがい》の路面電車の停留所に隣接《りんせつ》させて、自家用車の駐車《ちゅうしゃ》場《じょう》を設ける方法を取り入れたい。②これによって、中心街の渋滞《じゅうたい》を解消したり、排《はい》ガスによる空気の汚《よご》れを減少させたりする効果が期待できるからである。

最近では、郊外の国道沿いに、大規模《きぼ》なショッピングセンターがつくられ、それに伴《ともな》う人々の流れの変化や住宅地の移動によって、歴史と文化を担《にな》ってきた都市の中心街がさびれてきているという新しい問題が起きている。③このような問題の解決にも、路面電車が大いに役立つものと考えられる。例えば、路面電車と自転車と人だけの通りをつくり出すのである。そこでは、人々は、ゆったりとした気分でショッピングや散策《さんさく》を楽しむことができ、人が集まれば、町のにぎわいを取りもどすこともできる。④これは「トランジット-モール」と呼ばれる方法である。

（平成14年度版　教育出版2年51～53ページ　伊奈彦定「古くて新しい路面電車」）

(1) ――線①「そのため」とは、何を指し示しますか。文章中から四十字以上四十五字以内（読点や符号《ふごう》も一字に数える）で探し、その初めと終わりの四字を書き抜《ぬ》きなさい。（完答12点）

□□□□ ～ □□□□ ため

(2) ――線②「これ」は何を指し示しますか。□にあてはまる言葉を文章中から書き抜いて答えなさい。（符号も含《ふく》む）（12点）

「□」と呼ばれる方法を取り入れること

(3) ――線③「このような問題」の指し示す内容を文章中から三十五字以内で探し、その初めと終わりの五字を書き抜きなさい。（完答12点）

□□□□□ ～ □□□□□

(4) ――線④「これ」が指し示す内容として適切なものを次から選び、記号で答えなさい。（14点）

ア 国道沿いに、大規模《きぼ》なショッピングセンターをつくり、人口の集中を防ぐこと。

イ ショッピングや散策《さんさく》を楽しむことができるような路面電車と自転車と人だけの通りをつくること。

□

2 次の文章を読んで、下の問いに答えなさい。

「学ぶ力が伸《の》びる」ための第一の条件は、自分には「まだまだ学ばなければならないことがたくさんある」という「学び足りなさ」の自覚があること。「無知の自覚」といってもよい。①これが第一です。

「私はもう知るべきことはみな知っているので、これ以上学ぶことはない。」と思っている人には「学ぶ力」がありません。②このような人が、本来の意味での「学力がない人」だと私は思います。物事に興味や関心を示さず、人の話に耳を傾《かたむ》けないような人は、どんなに社会的な地位が高くても、有名な人であっても「学力のない人」です。

第二の条件は、教えてくれる「師（先生）」を自ら見つけようとすること。

学ぶべきことがあるのはわかっているのだけれど、誰《だれ》に教わったらいいのかわからない、という人は残念ながら「学力がない」人です。いくら意欲があっても、③これができないと学びは始まりません。

ここでいう「師」とは、別に学校の先生である必要はありません。書物を読んで、「あ、この人を師匠《ししょう》と呼ぼう。」と思って、会ったことのない人を「師」に見立てることも可能です（中略）。生きて暮らしていれば、いたるところに師あり、ということになります。ただし、④そのためには日頃《ひごろ》からいつもアンテナの感度を上げて、「師を求めるセンサー」を機能させていることが必要です。

（平成28年度版　教育出版２年180・181ページ　内田樹「学ぶ力」）

(1) ――線①「これ」は何を指し示しますか。文章中から五字で書き抜《ぬ》きなさい。（10点）

「□□□□□」

(2) ――線②「このような人」の指し示す内容を文章中から四十五字以内（読点や符号《ふごう》も一字に数える）で探し、その初めと終わりの五字を書き抜きなさい。（完答10点）

□□□□□ ～ □□□□□

(3) ――線③「これ」が指し示す内容として適切なものを次から一つ選び、記号で答えなさい。（10点）

ア　何を学ぶべきかわかること。
イ　教えてくれる人を自ら見つけること。
ウ　学ぶ意欲をもつこと。

□

(4) ――線④「そのため」の指し示す内容は何ですか。□にあてはまる言葉を書き抜いて答えなさい。（各10点×2＝20点）

□□□□□□□ いれば、どんなところにでも「□」がいる、という状態になるため。

2 接続語

基本問題①

得点　／100点

学習日　／　日

確認

★ 次の文を[　　]の接続語を使って二つの文に分けるとき、あとの[　　]にあてはまる言葉を書きなさい。（各10点×2＝20点）

(1) 明日は遠足なので、明日の天気が気がかりだ。

明日は遠足だ。
だから、明日の[　　　　]。

(2) 今日は遠足の予定だったが、雨で中止になった。

今日は遠足の予定だった。
しかし、雨で[　　　　]。

！ 「接続語」とは、前後の語句や文などのつながりを示す言葉です。

《接続語の働き①（順接《じゅんせつ》）》
・前の内容が原因・理由、あとにその結果がくる。
→ だから・それで・すると・したがって

《接続語の働き②（逆接《ぎゃくせつ》）》
・前の内容と反対の事柄《ことがら》があとにくる。
→ しかし・だが・ところが・けれども

1 接続語の働きの説明を参考に、あとの文の[　　]にあてはまる言葉をあとから選んで、記号で答えなさい。（各10点×4＝40点）

① 《接続語の働き③（並立《へいりつ》・累加《るいか》）》
・前の事柄に、あとの事柄を並べたり付け加えたりする。
→ また・そして・そのうえ・しかも

この時計は性能がよい。しかも、値段が[　　]。

ア ちょっと高い
イ 安い
ウ とても高い

[　　]

② 《接続語の働き④（対比《たいひ》・選択《せんたく》）》
・前の事柄とあとの事柄を比べたり、選んだりする。
→ または・あるいは・それとも・むしろ

来月、山に行くかもしれない。あるいは、海に[　　]。

ア 行かないだろう
イ 行けないかもしれない
ウ 行くかもしれない

[　　]

3 接続語の働き⑤（説明《せつめい》・補足《ほそく》）

・前の事柄《ことがら》を、あとでまとめたり、補ったりする。
→**つまり**・**なぜなら**・**例えば**・**ただし**

彼女《かのじょ》は、母の妹です。つまり、□。

ア 私のおばさんです
イ 今は外国に住んでいます
ウ 友達とは仲良しです

□

4 《接続語の働き⑥（転換《てんかん》）》

・前の事柄から話題を換《か》えて、別の事柄を述べる。
→**さて**・**ところで**・**では**・**ときに**

久美子《くみこ》ちゃん、こんにちは。
かぜ引かないで元気に学校に行ってる？
ところで、□

ア かぜなど引いてない？
イ 学校へは楽しく通っている？
ウ お母さんは家にいる？

□

2 □にあてはまる接続語をあとから選んで、それぞれ記号で答えなさい。（各10点×4＝40点）

1 日本は南北に長い。□、地方によって気候の差が激しい。

ア だが　**イ** したがって　**ウ** さらに

□

2 待ち合わせの時刻を過ぎた。□、彼女はまだ来ない。

ア ところが　**イ** そのうえ　**ウ** さて

□

3 彼《かれ》は学級委員である。□、柔道部《じゅうどうぶ》の主将でもある。

ア また　**イ** または　**ウ** つまり

□

4 昨日の運動会は延期になった。□、朝から雨が降っていたからです。

ア だから　**イ** ただし　**ウ** なぜなら

□

2 接続語

基本問題②

1 次の文章を読み、[　　]の接続語の働きについてまとめたあとの文の[　]にあてはまる言葉を文章中から書き抜《ぬ》きなさい。（各6点×5＝30点）

1

欧米《おうべい》の各都市は、これらの問題を解決しようと路面電車を見直している。廃止《はいし》した線路を再び復活させたアメリカのポートランドや、美しく高性能な路面電車を走らせているフランスのストラスブールなどが、その例である。**また**、新しく線路を敷設《ふせつ》しようとしているスペインのバルセロナのような都市もある。

（平成14年度版　教育出版2年48ページ　伊奈彦定「古くて新しい路面電車」）

また の前では、欧米《おうべい》の各都市で路面電車が見直されていることの例として、路面電車を[　　　　　]都市や、美しく[　　　]な路面電車を走らせている都市を挙げている。**また** のあとでは、これから新しく[　　][　　　]しようとしている都市の例を挙げている。**また** のあとに、前とは別の例を並べて述べていることがわかる。

2

わたしがこの光のじゅうたん*を見た場所は、人里からそれほど離《はな》れていない低い山の森でした。森は木の葉で日の光が遮《さえぎ》られ、薄暗《うすぐら》くて下草も多くありません。山菜が採れるわけでも、木が材木になるわけでもなく、一般《いっぱん》的には、役に立たないとされていた森なのです。しかも、森には強い毒をもつハブがいます。**ですから**、光のじゅうたんが見られるような貴重な森だとは、ほとんどの人が思いもつかなかったのです。

＊光のじゅうたん…多くのホタルが飛び交《か》っているさまを表している。

（平成14年度版　三省堂2年38・39ページ　大場信義「ホタルの里づくり」・『ホタルの里』改より）

ですから の前では、筆者が光のじゅうたんを見た森は、一《いっ》般《ぱん》的には、[　　　　　　]森とされ、ハブもいたことが書かれている。**ですから** のあとには、その結果、光のじゅうたんが見られるような[　　　]森であるとは、ほとんどの人が思わなかったことが書かれている。**ですから** の前に理由、あとにはその結果が述べられていることがわかる。

2　次の文章を読んで、あとの問いに答えなさい。

❶

鰹節《かつおぶし》というと、お好み焼きなどに振《ふ》りかけるおがくずのようなふわふわの食べ物を思い浮《う》かべるかもしれません。そのふわふわのものは正確には鰹節を削《けず》った削り節で、［　］、鰹節とは本来削る前の状態のものをいいます。

（平成28年度版　東京書籍２年60ページ　小泉武夫「鰹節――世界に誇る伝統食」）

(1)　［　］に入る接続語の働きについてまとめた次の文の□にあてはまる言葉を、文章中から書き抜《ぬ》きなさい。（各10点×2＝20点）

［　］の前では、鰹節《かつおぶし》といえばおがくずのような□□□□の食べ物を思い浮《う》かべると述べている。［　］のあとでは、それは鰹節ではなく、本来は□□□の状態のものをいうと述べている。［　］の前後で、逆の内容の事柄《ことがら》を述べていることがわかる。

(2)　［　］にあてはまる接続語を選び、記号で答えなさい。（15点）

ア　または

イ　しかし

ウ　だから

□

---

❷

一般《いっぱん》に、野生動物は自分より大物には一目《いちもく》置くという原則があるから、クマとて意味なくそんな大物＊とかかわり合う気はしない。万一乱暴なクマが本気で挑戦《ちょうせん》してくれば、こちらの化けの皮がはがれるのだが、ふつうそこまでやってみるほどクマは暇《ひま》ではない。ただプライバシーを侵《おか》されてむっとしているか、ぎょっとしているだけなのである。［　］、子グマを連れた母グマを驚《おどろ》かした場合は全く別で、相手はしゃにむに攻撃《こうげき》してくるから、この質問はそもそも成り立たない。

＊そんな大物…ここでは人間のことを指す。

（平成14年度版　東京書籍２年20ページ　玉手英夫「クマに会ったらどうするか」）

(1)　［　］に入る接続語の働きについてまとめた次の文の□にあてはまる言葉を、文章中から書き抜きなさい。（各10点×2＝20点）

［　］の前では、クマなどの□□□□は、一《いっ》般《ぱん》に、大物を意味なく襲《おそ》ってくることはないと述べている。［　］のあとでは、□□□を連れた母グマは例外であって、攻撃《こうげき》してくると述べている。［　］の前で述べた事柄について、あとで補って説明していることがわかる。

(2)　［　］にあてはまる接続語を選び、記号で答えなさい。（15点）

ア　しかも

イ　むしろ

ウ　ただし

□

2 接続語

基本問題③

得点　／100点

学習日　／　日

1 次の文章を読み、□にあてはまる言葉をあとから選んで、記号で答えなさい。（各14点×2＝28点）

(1) 絶海の孤島《ことう》の巨像《きょぞう》を作ったのは誰《だれ》か。謎《なぞ》が謎を呼び、宇宙人がやって来て作ったのではないかという説まで飛び出した。しかし、最近になって、それは西方から島伝いにやって来たポリネシア人であることが□。

（平成28年度版　光村図書2年117ページ　安田喜憲「モアイは語る―地球の未来」）

ア 否定された
イ 判明した
ウ 疑問だとされるようになった

(2) 大気がないと、その星の温度は急激に下がったり、上がったりしてしまうため、安定しません。大気がない星というのは、人間が生きていくには厳しい環境《かんきょう》だといえます。そのうえ、月は重力も地球の六分の一程度しかありません。したがって、月は人間が生きていける環境の条件を□。

（平成28年度版　三省堂2年35ページ　渡部潤一「人間は他の星に住むことができるのか」）

ア 満たしています
イ 満たしていません
ウ 満たしているかわかりません

2 次の文章を読み、□にあてはまる接続語をあとから選んで、記号で答えなさい。（各12点×6＝72点）

(1) 一定の軌道上《きどうじょう》を走る路面電車は、停留所でしか乗り降りができない。□、利用する人々は、徒歩や他の交通手段で最寄《もよ》りの停留所まで行かなければならない。

（平成14年度版　教育出版2年47ページ　伊奈彦定「古くて新しい路面電車」）

ア ところが
イ なぜなら
ウ したがって

(2) 人間は動物たちと違《ちが》い、文化環境の中に生まれる。人間の赤ん坊《ぼう》は、子宮から外界に出たとたん、空気に包まれるように文化の媒体《ばいたい》に覆《おお》われる。赤ん坊は全く無能力で生まれるから、それを拒否《きょひ》することも反抗《はんこう》することもできない。人は文化の中で育てられ作られていく。□、文化とはいったい何なのか。

（平成28年度版　学校図書2年168ページ　河合雅雄「若者が文化を創造する」・『子どもと自然』より）

ア だから
イ また
ウ では

3

例えば、自分の家の隣《となり》に外国人が引っ越《こ》してきたとする。やはり、最初は驚《おどろ》き、戸惑《とまど》ってしまうだろう。□、数週間がたち、彼《かれ》らの文化や生活習慣に対する「謎《なぞ》」が解き明かされていくうちに、「どこどこの国から来た〇〇さん」ではなく、「ご近所のうちの一人の〇〇さん」と考えられるようになるはずだ。

（平成14年度版　三省堂2年93ページ　乙武洋匡「心のバリアフリー」・『五体不満足』改より）

ア　すると
イ　しかし
ウ　つまり

□

4

名古屋城《なごやじょう》の外堀《そとぼり》のわきには、大木が生え、大きな日陰《ひかげ》をつくっています。そのため、地面はちょうどよく湿《しめ》っています。ヒメボタルの幼虫が食べるオカチョウジガイは、枯《か》れ葉や木の実を食べて暮らしていますので、外堀の環境《かんきょう》は、この陸貝にとってとてもすみやすい場所でした。

□、外堀は、地面が人に踏《ふ》み固められたり、掘《ほ》り返されたりすることもありません。人の手が加えられることがなく、環境が変わらなかったことも、ヒメボタルには幸いしたのでしょう。

（平成14年度版　三省堂2年40ページ　大場信義「ホタルの里づくり」・『ホタルの里』改より）

ア　ただし
イ　さらに
ウ　すると

□

5

二〇世紀以降、野生動物たちの生活の場である自然環境《かんきょう》が急速に悪化し、多くの種類の動物が絶滅《ぜつめつ》の危機にひんしている。そのようななかで、動物園は、野生動物を保護し、次の世代へ伝える役割を担《にな》っている。□、そのために必要な、野生動物についての調査や研究も動物園の役割の一つである。

（平成28年度版　三省堂2年130ページ　奥山英登「動物園でできること」）

ア　では
イ　なぜなら
ウ　また

□

6

古来、王と臣下との間には絶えず疑念があり、王は王でいつも臣下の貴族の謀反《むほん》を心配し、貴族は貴族でいつもあらぬ罪を着せられて粛清《しゅくせい》されることを恐《おそ》れていた。真に服従し、信頼《しんらい》している間柄《あいだがら》なら、相手に気を許して背中をさらすことは家畜《かちく》もするし、野生動物のオオカミでもする。□お互《たが》いに敵意がないことが確認されれば、背中を向けても刺《さ》されないのは、大形野生獣《じゅう》に対面した人間でも、大貴族の上に立った国王でも同じことである。

（平成14年度版　東京書籍2年24ページ　玉手英夫「クマに会ったらどうするか」）

ア　つまり
イ　ところが
ウ　ところで

□

2 接続語

標準問題

得点 ／100点

学習日 ／ 日

1 次の文章を読んで、下の問いに答えなさい。

浮世絵《うきよえ》とは何かという問いから始めよう。「浮世」の語源は「憂《う》き世《よ》」であって、苦しみや悩《なや》みの多い現実を意味するものだった。それをあえてはね返そうという人々のエネルギーが、「憂き」を陽気な意味合いをもつ「浮《う》き」に変えたのである。この発想には、苦悩《くのう》や貧しさがなんだ、もっと積極的に現実を楽しもうじゃないかという、江戸の人々の意気込《ご》みが感じられる。これでわかるように、浮世絵とは、その当時の江戸の人々にとって、ありのままの暮らしを積極的に描《えが》いている作品を意味していたのである。

今だってそうだと思う人は大勢いよう。絵は写生が基本である。想像で描く作品のほうが少ない。[A]、それは、浮世絵が普《ふ》及《きゅう》してからあたりまえとなったことで、<u>三百年も昔の日本ではむしろ逆だった</u>。絵師のほとんどは中国の山水画を中心にすえ、仏画や肖像画《しょうぞうが》を描いていた。そして、そのような絵は、寺社や大名家、あるいは大金持ちにしか所有できないものだった。

[I]、そこに版画という技術が開発された。版画のいちばん大きな特徴《とくちょう》は、大量生産ができるところにある。[B]、絵を制作する費用が大はばに下がるということだ。絵に対して羨《せん》望《ぼう》を抱《いだ》いていた人々の夢が、版画の出現によって果たされることとなった。

（平成14年度版 光村図書2年250・251ページ 高橋克彦「江戸の人々と浮世絵」）

(1) [A]・[B]にあてはまる接続語として最も適切なものをそれぞれ次から選び、記号で答えなさい。（各10点×2＝20点）

ア だから　イ しかし　ウ あるいは　エ つまり

A [　　] B [　　]

(2) ――線「三百年も昔の日本ではむしろ逆だった」とありますが、では、どうだったというのですか。最も適切なものを選び、記号で答えなさい。（10点）

ア 浮世絵《うきよえ》が普及《ふきゅう》しなかったということ。
イ 絵は写生が基本であったということ。
ウ 想像によって描《えが》く絵が多かったということ。

[　　]

(3) [I]に入る接続語について説明した次の文の[①]にあてはまる言葉を文章中から書き抜《ぬ》きなさい。また、[②]にあてはまる接続語の種類をあとから選び、記号で答えなさい。（各10点×2＝20点）

[I]の前には、絵が寺社や金持ちなどしか所有できなかったことが述べられている。また、[I]のあとには、版画によって[①]ができるようになり、人々が絵を持てるようになったことが書かれている。ここから、[I]には[②]の接続語が入ることがわかる。

① [　　]

② ア 順接　イ 逆接 [　　]

2 次の文章を読んで、下の問いに答えなさい。

*カミナリにすれば、海は危険だから入ってはならない、という習慣を身につけてきた。若い者が甘《あま》い餌《えさ》に釣《つ》られて海へ入るとは、なんと愚《おろ》かな行為《こうい》だと思っているだろう。一方、若者たちは、海へ入れば気持ちがよいし、ピーナツも拾えるのに、なんという頑固《がんこ》なおやじだろうと小ばかにしているだろう。もちろんサルたちは、こんな人間臭《くさ》い考え方をしているわけではないが、彼らが感じているもやもやっとした気持ちを*忖度《そんたく》して代弁すれば、こういうことになろうか。

海へ入るのは、確かに危険なことだ。特に荒《あ》れている時は、突然《とつぜん》大波が襲《おそ》い、沖合《おきあ》いにさらわれるということもあろう。［A］、子供たちは海に入ることにより、年寄りたちが知らない新しい世界を開いたのだ。泳ぐ、水に潜《もぐ》るといった楽しさは、山の中にいては絶対に味わうことができない醍醐味《だいごみ》である。

岩の上のリーダーと海の中の若いサルたちの構図から、人間社会での大人と子供の関係について、いくつかの教訓を得ることができる。年がいくと保守的になり、若い者の行動型や思考様式が理解できなくなる。［B］、若者との間に価値観の上で大きなギャップができ、お互《たが》いに相手の行動を非難し合うようになってしまう。こうなると、もはや水と油の関係になり、相互《そうご》の疎外感《そがいかん》を深めるだけである。

＊カミナリ…宮崎県幸島《こうじま》のサルの群れのリーダーの名前。
＊忖度…他人の気持ちをおしはかること。

（平成28年度版　学校図書2年173・174ページ　河合雅雄「若者が文化を創造する」・『子どもと自然』より）

---

(1) ［A］・［B］にあてはまる接続語として最も適切なものをそれぞれ次から選び、記号で答えなさい。（各10点×2＝20点）

ア　では　　イ　しかし
ウ　そして　エ　ただし

A［　　］　B［　　］

(2) ——線「一方」は対比を表す接続語ですが、何と何を比べているのですか。次の文の［　］にあてはまる言葉を文章中から書き抜《ぬ》きなさい。（各10点×2＝20点）

カミナリ（サルのリーダー）は、若者たちが海へ入るのを［　　　　］だと思っている。

↔ 一方

サルの若者たちは、海へ入ろうとしないカミナリを、［　　　　］だと小ばかにしている。

(3) 次の〔　〕の一文は、第三段落（岩の上の……深めるだけである。）から抜き出したものです。どこに入れるのがよいでしょうか。この一文のあとに続く文の初めの五字を書き抜きなさい。（10点）

〔つまり、この構図は、そっくりサルを人間に置き換《か》えることができるということだ。〕

［　　　　　］

3 内容の理解

基本問題①

得点
／100点

学習日
／　日

確認

★ 次の文章を読み、〔欧米《おうべい》と日本の花火大会〕を表にまとめます。表の空欄《くうらん》にあてはまる言葉を書き抜《ぬ》きなさい。（各12点×2＝24点）

現在は、欧米の花火大会のように大量の花火を連続して打ち上げる方法が人気を博している。しかし基本的には、一発ずつの花火をじっくり鑑賞《かんしょう》できる打ち上げ方法が日本の花火大会の主流だ。ゆえに日本の花火は、一発のできばえを極限まで追求して進化してきた。

（平成28年度版　教育出版2年40ページ　小野里公成「日本の花火の楽しみ」）

〔欧米と日本の花火大会〕

地域	花火の打ち上げ方法
①	大量の花火を連続して打ち上げる方法
日本	②

！ 説明文の内容を正確に理解するには、同じ意味を表す別の表現、くわしく言い換《か》えて説明した表現や、反対（対《つい》）の意味にあたる表現に注意しましょう。また、くり返し出てくるキーワードにも注目しましょう。

1 次の文章を読んで、あとの問いに答えなさい。（各12点×2＝24点）

クマも後脚《あとあし》で立ち上がると、だいぶ目のつけどころが高くなるが、これは単なる物見のためで、自分は①体高一メートルそこそこの動物と思っている。クマが攻撃《こうげき》するときは前脚《まえあし》を下ろして口でかみつく。だからそのときのクマの目の高さはだいぶ人間より低いので、安易な気持ちでは人間は襲《おそ》えない。このように、せっかく相手が遠慮《えんりょ》しているのに、こちらから地面に腹ばいになってしまうと、当然相手は好奇心《こうきしん》を起こしてやってきて、②突然《とつぜん》小形化したこの変な生き物を調べようとする。そのうえ、クマは石などをひっくり返して食べ物を探す癖《くせ》があるから、レスリングで不覚にも上になられたようなもので、もし、うまうまとひっくり返されたら、クマの一本勝ちになりかねない。

（平成14年度版　東京書籍2年20・21ページ　玉手英夫「クマに会ったらどうするか」）

・——線①・②とは、それぞれ何のことですか。文章中の言葉を書き抜いて答えなさい。

①

②

2 次の文章を読んで、あとの問いに答えなさい。（各12点×2＝24点）

足もとを見ると、地上七十センチメートルほどの高さのところで、小さなホタルが群れをなして、黄色い光をパッパッと放ちながら飛んでいくのです。そのせいか、光のじゅうたんは、岸辺に打ち寄せる波のように揺《ゆ》れて、きらめいています。わたしは、光の海の中に立っているようでした。森の中に広がった光のじゅうたんは、二十分ほどすると吸いこまれるように、草の中に消えていきました。

（平成14年度版　三省堂2年35ページ　大場信義「ホタルの里づくり」・『ホタルの里』改より）

・――線部とありますが、ホタルの群れが放つ黄色い光の様子をたとえた七字と三字の言葉を文章中から書き抜《ぬ》きなさい。

・□□□□□□□

・□□□

3 次の文章を読んで、あとの問いに答えなさい。（各14点×2＝28点）

余談ながら、前を見つめたままで、後ろにそろそろ下がるというのは、古来皇帝《こうてい》や国王に謁見《えっけん》した臣下が退出するときのエチケットであった。後ろが見えない人間が間違《まちが》いなく後退するのはたいへんであるのに、これが礼儀《れいぎ》であるとはおかしな話である。しかし「クマに会ったら」の話で考えれば、これは対面した両者の間に危機的な緊張《きんちょう》が存在するということにほかならない。つまり①敬意の動機よりも②恐怖《きょうふ》の関係である。

（平成14年度版　東京書籍2年23・24ページ　玉手英夫「クマに会ったらどうするか」）

(1) ――線①「敬意の動機」とは、ここではどんなことですか。□にあてはまる二十字の言葉を文章中から書き抜きなさい。

古来□□□□□□□□□□□□□□□□□□□□エチケットであるということ。

(2) ――線②「恐怖《きょうふ》の関係」とは、どのような関係ですか。「～関係。」に続くように文章中から二十字で書き抜きなさい。

□□□□□□□□□□□□□□□□□□□□関係。

3 内容の理解

基本問題②

得点
／100点

学習日
／　日

1 次の文章を読んで、あとの問いに答えなさい。（完答20点）

自らは何も生産せず、自然が与《あた》えてくれるものだけを食べて生き、あとは何もしないでいるようにみえる（実はそうではないのだが）鯨《くじら》や象が、自分たちと対等の「知性」をもった存在とはとても思えないのは、当然のことである。

しかし、一九六〇年代に入って、さまざまな動機から、鯨や象たちと深いつきあいをするようになった人たちの中から、この「常識」に対する疑問が生まれ始めた。

鯨や象は、人の「知性」とは全く別種の「知性」をもっているのではないか、あるいは、人の「知性」は、このガイア＊に存在する大きな「知性」の偏《かたよ》った一面の現れであり、もう一方の面に鯨や象の「知性」が存在するのではないか、という疑問である。

＊ガイア…ここでは地球のこと。

（平成28年度版 教育出版2年162・163ページ 龍村仁「ガイアの知性」）

・——線「鯨《くじら》や象が、……とても思えない」とありますが、これに対し、新しい見方では、鯨や象はどんな知性をもっていると考えられるようになりましたか。文章中から十七字で探し、初めと終わりの五字（符号《ふごう》も含《ふく》む）を書き抜《ぬ》きなさい。

～

2 次の文章を読んで、あとの問いに答えなさい。（各10点×2＝20点）

絶海の孤島《ことう》のイースター島では、森林資源が枯渇《こかつ》し、島の住民が飢餓《きが》に直面したとき、どこからも食料を運んでくることができなかった。①地球も同じである。広大な宇宙という漆黒《しっこく》の海にぽっかりと浮《う》かぶ青い生命の島、地球。その②森を破壊《はかい》し尽《つ》くしたとき、その先に待っているのはイースター島と同じ飢餓地獄《じごく》である。とするならば、私たちは、今あるこの有限の資源をできるだけ効率よく、長期にわたって利用する方策を考えなければならない。それが、人類の生き延びる道なのである。

（平成28年度版 光村図書2年122ページ 安田喜憲「モアイは語る――地球の未来」）

(1) ——線①「地球も同じ」とありますが、何と同じですか。文章中から書き抜きなさい。

(2) ——線②「森」を言い換《か》えた言葉を五字で書き抜きなさい。

3 A～Dにあてはまる言葉をあとから選び、記号で答えなさい。（各7点×4＝28点）

では、モアイ＊を作ったAは、いったいどうなったのだろうか。

かつて島が豊かなヤシの森に覆《おお》われていた時代には、土地も肥え、バナナやタロイモなどのBも豊富だった。しかし、Cが消滅《しょうめつ》するとともに、豊かな表層土壌《どじょう》が雨によって浸食《しんしょく》され、流失してしまった。火山島はただでさえ岩だらけだ。その島において、表層土壌が流失してしまうと、もう主食のバナナやタロイモを栽培《さいばい》することは困難となる。おまけに木がなくなったため船を造ることもままならなくなり、たんぱく源の魚を捕《と》ることもできなくなった。

こうして、イースター島はしだいにD危機に直面していくことになった。

＊モアイ…南太平洋のイースター島に見られる人間の顔をほった巨大な石像。

（平成28年度版　光村図書2年120・121ページ　安田喜憲「モアイは語る――地球の未来」）

ア 食料　イ 森　ウ 文明

A □　B □　C □　D □

4 次の文章を読んで、あとの問いに答えなさい。

普通《ふつう》、わたしたちが絵として見ているものの多くは、一つの視点から見てえがいたものであり、一視点画ということができます。それに対して、弥生《やよい》の絵は幾《いく》つもの視点からものをとらえているという意味で、多視点画と呼ぶことができます。多視点画では、あるものをえがこうとすると、まず、全体の形がよくわかるようにえがきます。たとえば、シカなら、全体の形がよくわかるのは側面形なので、その形で全体をえがきます。次に、細部をえがくときには、全体をどういう視点でとらえたかにかかわらず、別の視点を選んでえがくのです。シカの角をえがく場合には、それが正面か斜《なな》め前から見たようにえがくのです。そのために、側面形と正面形などが混在してしまうのです。

こうした弥生の絵は、小さい子供の絵とよく似ています。小学校でも高学年になってくると、絵はみんなAになりますが、低学年生や幼児の絵には、Bが非常に多いのです。

（平成14年度版　教育出版2年214・215ページ　佐原真「弥生の絵」）

(1) ――線「多視点画」とは、どういう絵ですか。次の□にあてはまる言葉を文章中から書き抜《ぬ》きなさい。（12点）

□□□□□ からとらえて、えがいた絵

(2) A・Bにあてはまる言葉をそれぞれ文章中から四字で書き抜きなさい。（各10点×2＝20点）

A □□□□

B □□□□

3 内容の理解

標準問題

得点　／100点

学習日　／　日

1 次の文章を読んで、下の問いに答えなさい。

精神科医であるわたしのところには、「いろいろなわたし」でいるうちに、自分の「心」と自分の「体」が一緒《いっしょ》のものかどうかわからなくなった、というような人が話しに来ることがあります。

①ある高校生の少女は、「お気に入りの服を、もう一度、自分に着せてあげたいんだ。」と言って、厳しいダイエットを続けていました。話を聞くと、もう何日も、ろくに食事をとっていないようでした。わたしが、「自分の体なんだし、おなかがすくでしょう？」ときくと、少女は、「全然すかない。何も感じないよ。」と答えました。気に入った服を着せてあげたいという「A」は、「おなかがすいた」と感じる「B」とは全く別々のもの、だから「C」のことなんて、わたしにはわからない、といった言い方です。つまり、少女は、②自分の「体」をまるで人形でも見るように外から見つめ、「もっと細くして、あのかわいい服を着せてあげたいな。」と思っているのです。

こうなると、「本当のわたしってどんな人なの？」と自分で自分に問いかけても、「心」と「体」が別々のことを言いだし、迷ってしまうばかりでしょう。

（平成14年度版　教育出版2年189・190ページ　香山リカ『「わたし」のことを知っていますか』）

(1) ――線①「ある高校生の少女」は、どのような人の例として挙げられていますか。文章中から三十九字で探し、その初めの五字を書き抜《ぬ》きなさい。（符号《ふごう》や句読点も含《ふく》む）（12点）

(2) A～Cには、「心」、「体」のどちらかの言葉が入ります。「心」が入る場合にはア、「体」が入る場合にはイと答えなさい。（各8点×3＝24点）

A

B

C

(3) ――線②「自分の『体』をまるで人形でも見るように外から見つめ」とは、自分の「体」と「心」がどうなっている状態ですか。次の□にあてはまる言葉を文章中から書き抜きなさい。（14点）

「体」と「心」が □ になっている状態。

2 次の文章を読んで、下の問いに答えなさい。

あまりにもあたりまえだけど、恥《は》ずかしいという感情にとって本質的なこと。それは、誰《だれ》も見ていないところで失敗しても、別に恥ずかしくはないということだ。不得意な科目を一人で勉強していて、しょっちゅう間違《まちが》うとしても、そのたびに恥ずかしくなったりはしない。もちろん、劣等感《れっとうかん》は持つ。「ああ、だめだなあ。」と思う。だから、頑張《がんば》る。だけどそれは恥ずかしいというのとは違う。

この点をもっとはっきりとさせるために、「悔《くや》しい」という気持ちと比較《ひかく》してみよう。ある事柄《ことがら》について考えるとき、それと似ているけれども異なっている別の事柄と比較してみることで、理解がいっそう深まることがある。比較して考える、これもうまく考えるためのだいじな技術の一つだ。「恥ずかしい」と「悔しい」、どこが共通していてどこが違うだろう。比較してみよう。

悔しさの場合には、人が見ているかどうかはどうでもよい。失敗するとそれだけで、誰も見ていなくとも、[A]と感じる。それに対して、恥ずかしさの場合にはそうではない。失敗そのものが[B]という感情を生むわけではなく、その失敗が人に見られていたので、[C]と感じる。ここに恥ずかしいという感情の特徴《とくちょう》がありそうだ。

（平成28年度版　東京書籍2年92・93ページ　野矢茂樹「哲学的思考のすすめ」）

---

(1) ——線「恥《は》ずかしいという感情にとって本質的なこと」とは何だと筆者は述べていますか。文章中から一文*で探し、その初めの七字（読点や符号《ふごう》も含《ふく》む）を書き抜《ぬ》きなさい。（10点）

[　][　][　][　][　][　][　]

＊文…まとまった内容を表すひと区切り。終わりに「。」（句点）などがつく。

(2) [A]～[C]には、「悔《くや》しい」、「恥ずかしい」のどちらかの言葉が入ります。「悔しい」が入る場合にはア、「恥ずかしい」が入る場合にはイと答えなさい。（各8点×3＝24点）

A [　]　B [　]　C [　]

(3) 筆者が「恥ずかしいという感情の特徴《とくちょう》」を考えるために「悔しい」という気持ちと比較《ひかく》したのはなぜですか。次の[　]にあてはまる言葉を文章中から書き抜きなさい。（各8点×2＝16点）

「恥ずかしい」という気持ちを、それと[　　　　　　　　　　　　　　]「悔しい」という気持ちと[　　　　]考えることで、理解がいっそう深まると考えたから。

4 段落の要点と文章構成

基本問題①

確認

★次の文章を読んで、下の問いに答えなさい。

〔筆者は、横須賀《よこすか》市の岩戸《いわと》川をホタルがすむ川にするため、地域の人たちと「ホタルの里」づくりを考えた。〕

1 ゲンジボタルにしてもヘイケボタルにしても、川がきれいになっただけでは、決して増えてはくれません。さまざまな工夫《くふう》が必要なのです。

2 川は片側の岸が森に接するようにし、くねくねと曲げました。川の土手には、中に土が詰《つ》まるブロックを使いました。ホタルが卵を産んだり、さなぎになるには、草やこけの生えた土手が必要だからです。川底には、材木で小さな囲いを幾《いく》つもつくりました。そこに土を盛り、水辺の植物を植える「寄州《よりす》」にしたのです。そうすることで、川は緩《ゆる》やかに流れ、ホタルの幼虫のえさとなる貝が増えやすい環境《かんきょう》になりました。さらに、住宅地に下水道を通し、汚《よご》れた水が川に入らないようにしました。

3 川の流域やその周辺に住んでいる人たちも、川の手入れや生き物の調査に積極的に参加してくれました。その結果、ドブ川はみごとにきれいな川によみがえりました。

4 そして十年後、川にはホタルが戻《もど》ってきたのです。

※1～4は段落番号を表します。　〔 〕部分要約

（平成14年度版 三省堂2年43～45ページ 大場信義「ホタルの里づくり」・『ホタルの里』改より）

(1) 1～4段落の要点をまとめた次の文の□にあてはまる言葉を、文章中から書き抜《ぬ》きなさい。（各7点×4＝28点）

1段落…ホタルを増やすためにはさまざまな［　　］が必要。
2段落…ホタルに適した川の環境《かんきょう》を作った。
3段落…地域の人々の協力もあって、ドブ川が［　　　　］によみがえった。
4段落…［　　］後、川に［　　　］が戻《もど》ってきた。

(2) 2段落の働きについて説明したものとして最も適切なものを次から選び、記号で答えなさい。（12点）

ア 1段落で述べたことについて、その例や理由を述べている。
イ 1段落で述べたことに続いて、その結果を説明している。

［　　］

! 文章全体の内容を正しく読み取るには、各段落の要点をとらえ、段落どうしがどのような関係にあるのかに注意して、文章構成を考えることが大切です。

次の文章の1～3段落の要点をまとめたものとして最も適切なものをそれぞれあとから選び、記号で答えなさい。（各10点×6＝60点）

1

1 花火師たちは、花火を作り、それを打ち上げることを仕事とする。危険な火薬を取り扱《あつか》うため、製作時にも打ち上げ時にも安全に配慮《はいりょ》しながら、日々、新しい花火の創作に打ち込《こ》んでいる。

2 花火師によると、理想とする花火の姿は、ゆがみなくまん丸く大きく開くことだという。開いた時の破綻《はたん》のない丸さは、日本の花火の最大の特徴《とくちょう》として追求されてきた要素だ。（中略）

3 形の乱れやゆがみは、見た目の美しさを半減させる。花火作りは、内包する部品作りから組み立てにいたるまでほとんどが手作業で、その良しあしや精度が、開花した時の姿に大きく影響《えいきょう》する。丁寧《ていねい》な作業を積み重ねることで、理想の姿に近づけていくのだと花火師は言う。

※1～3は段落番号を表します。

（平成28年度版　教育出版2年42・43ページ　小野里公成「日本の花火の楽しみ」）

ア 花火作りはほとんどが手作業で、その良しあしや精度が開花した時の姿に影響《えいきょう》するため、花火師は丁寧《ていねい》な作業を積み重ねている。（花火師たちの努力）

イ 花火が開いた時の破綻《はたん》のない丸さが、日本の花火の最大の特《とく》徴《ちょう》として追求されてきた。（日本の花火の特徴）

ウ 花火師たちは、日々、安全に配慮《はいりょ》しながら新しい花火の創作に打ち込《こ》んでいる。（花火師たちの仕事）

1 [　]　2 [　]　3 [　]

2

1 日本において路面電車は、一八九〇（明治二十三）年の内国《ないこく》勧業博覧会《かんぎょうはくらんかい》で初めて紹介《しょうかい》された。その五年後の一八九五（明治二十八）年には、早くも京都《きょうと》で運転が開始され、以降、急速に各都市で整備されていった。路面電車の敷設《ふせつ》都市数は、一九三二（昭和七）年にピークを迎《むか》え、六十五都市に達した。当時の人々は、親しみをこめて、路面電車を「市電」や「チンチン電車」などの愛称《あいしょう》で呼び、通勤や通学、買い物や映画見物などに気軽に利用していた。

2 しかし、一九六〇（昭和三十五）年ごろを境に、路面電車は、しだいに経営が悪化し、路線の縮小や廃線《はいせん》に追いこまれていくようになった。そして、二〇〇〇（平成《へいせい》十二）年には、わずか十八都市で走るのみとなり、今日にいたっている。

3 なぜ、路面電車は衰退《すいたい》してしまったのであろうか。

※1～3は段落番号を表します。

（平成14年度版　教育出版2年46・47ページ　伊奈彦定「古くて新しい路面電車」）

ア 路面電車は、なぜ、衰退《すいたい》したのか。（問題提起）

イ 日本の路面電車は、明治以降各都市に整備され、人々に愛されて発展した。（路面電車の急増）

ウ 日本の路面電車は、昭和の中ごろから経営が悪化し、多くが縮小や廃線《はいせん》に追いこまれた。（路面電車の衰退《すいたい》）

1 [　]　2 [　]　3 [　]

4 段落の要点と文章構成

基本問題②

得点　／100点

学習日　／　日

1 次の文章を読んで、下の問いに答えなさい。

[1]弥生《やよい》土器で建物の絵をえがいたものは、今までに西日本の各地で四十六例が見つかっています。そのうち十五例が唐古《からこ》・鍵《かぎ》遺跡《いせき》から見つかっているのです。そして、屋根飾《かざ》りをつけたものは、唐古・鍵遺跡で六例、唐古・鍵遺跡の北約六百メートルにある隣村《となりむら》、清水風《しみずかぜ》で一例の、合わせて七例だけです。奈良県のほかの弥生遺跡、あるいは大阪府、兵庫県、岡山県、鳥取県から見つかった建物の絵には、この飾りはついていません。他の例と比較《ひかく》していくと、唐古・鍵遺跡の屋根飾りのついた楼閣《ろうかく》の絵は、非常に珍《めずら》しいことがわかります。おそらく、その絵をえがいた時代の社会の仕組みと関係しているのでしょう。

[2]それは、どのような社会の仕組みでしょうか。社会に階級が生まれると、支配者は、服装であれ、建物であれ、お墓であれ、すべてを特別なものに仕立てあげ、一般《いっぱん》には許さなくなります。特別なものをつくることによって、自分の威信《いしん》を高め、権威《けんい》を示すわけです。屋根飾りは、そのような社会が弥生時代に出現し始めていたことを表しているのではないでしょうか。

※[1]・[2]は段落番号を表します。

（平成14年度版　教育出版2年208〜210ページ　佐原真「弥生の絵」）

---

(1) 次の文章の□にあてはまる言葉を書き抜《ぬ》いて、二つの段落の要点をまとめなさい。（各6点×5＝30点）

・**[1]段落**

弥生《やよい》土器で建物の絵をえがいたもののうち、唐古《からこ》・鍵遺《かぎい》跡《せき》の［　　　　　　　　　　　］は、非常に［　　　　］。これは、弥生時代の［　　　　　　］と関係があるのだろう。

・**[2]段落**

屋根飾《かざ》りは社会に［　　］が生まれ［　　　］が権威《けんい》を示すような社会が、弥生時代に出現し始めていたことを表すのではないだろうか。

(2) 二つの段落はどのような関係にありますか。最も適切なものを次から選び、記号で答えなさい。（20点）

ア [1]は筆者の考えを、[2]はその根拠《こんきょ》（理由）を述べている。

イ [1]は事実と例をあげ、[2]は新たな話題について述べている。

ウ [1]は主に事実を、[2]はそれに対する推論を述べている。

［　　］

2 次の文章を読んで、下の問いに答えなさい。

［筆者は、クマにばったり出会ったらどうするかと質問し、それに対し八つの選択肢《せんたくし》をあげている。］

1 意外なことながら、正解は（四）*立ち止まったままで話しかける、である。この方法を推薦《すいせん》するカナダのバンフ国立公園の老レンジャーの体験では、やってみて失敗がなかったという。（もし失敗していたら彼は長生きしていない。）西部開拓《かいたく》期の英雄《えいゆう》ダニエル・ブーンがこの手でハイイログマを笑い倒《たお》したという伝説がある。また犬飼哲夫《いぬかいてつお》によれば、アイヌの人も、無礼を非難する呪文《じゅもん》を唱えて、出会ったヒグマを撃退《げきたい》していたという。

2 （四）の手がよい理由ははっきりしないが、たぶん動かないのでクマの行動を刺激《しげき》しないこと（クマ側は態度を決めかねている）と、話しかけられることへのとまどいらしい。話しかけはクマにはなんの意味もないが、少なくとも敵対的行動とは取らないであろう。そのうちに興奮が覚めれば、クマは人間を襲《おそ》って食事にしようとは思わない原点に返る。そこで初めて人間が静かに後に下がるのが、たぶん最良であろう。

＊（四）…筆者があげた八つの選択肢の中の一つ。

※1・2は段落番号を表します。

［　］部分要約

（平成14年度版　東京書籍2年21・22ページ　玉手英夫「クマに会ったらどうするか」）

---

(1) 次の文の□にあてはまる言葉を書き抜《ぬ》いて、二つの段落の要点をまとめなさい。（各10点×3＝30点）

・1段落
クマに出会ったらどうするかという質問の正解は、□□□□□□□□□□□□□□、である。

・2段落
（四）の方法は、人間が動かないことから□□□□□□□□□□□し、人間から□□□□□□□□□□□□□□□を生むからうまくいくらしい。

(2) 二つの段落はどのような関係にありますか。最も適切なものを次から選び、記号で答えなさい。（20点）

ア 1は正解と筆者の体験を、2は結論を述べている。

イ 1は正解と一般《いっぱん》的な考えを、2は正解の根拠《こんきょ》を述べている。

ウ 1は正解とその例を、2は正解の理由を述べている。

□

4 段落の要点と文章構成

基本問題③

得点 ／100点

学習日 ／ 日

1 次の文章を読んで、下の問いに答えなさい。

[1]ある新聞投書欄《らん》には、高齢者福祉《こうれいしゃふくし》に関する講演やパンフレットにカタカナ語が多すぎて話がよく分からない、という高齢者の嘆《なげ》きの声が載《の》っていました。「エイジレス・ライフ」「シルバー・サービス」など、高齢者が話題になるときには、差別的な言い方になるのを避《さ》けようとする意識ともからんで、語の曖昧《あいまい》化、ソフト化としての外来語が幅《はば》を利《き》かす傾向《けいこう》にあります。

[2]また、一見不思議なことに、非英語圏《けん》出身ならいざしらず、英語圏出身の外国人からもカタカナ語の分かりにくさがよく指《し》摘《てき》されます。原語との発音や意味のズレがその大きな要因です。

[3]以上のような状況《じょうきょう》の中で、日本語の中のカタカナ語はどのようにとらえていったらいいのでしょうか。

[4]物事に多様性があることは歓迎《かんげい》すべきことですし、言葉の面でも、多様性は豊かさと柔軟《じゅうなん》さの指標であると思います。そういう意味では、＊和語《わご》も＊漢語《かんご》もカタカナ語も大切にされなければなりません。（中略）要は、物事を命名するとき、安易に借用に頼《たよ》らないで、どのくらい自前のもので対処できるのか、その言語感覚と知恵《ちえ》が大切だと思います。

※[1]～[4]は段落番号を表します。

＊和語…漢語や外来語でなく、昔から日本人が日本語として使ってきた言葉。
＊漢語…中国から入ってきて日本語となった言葉。また、音で読む漢字の言葉。

（平成14年度版　東京書籍2年223・224ページ　陣内正敬「カタカナ抜きで話せますか」・『日本語の現在』より）

(1) [1]と[2]段落の関係を説明した文として適切なものを次から選び、記号で答えなさい。（10点）

ア　カタカナ語の分かりにくさの具体例を[1]に、それに対する筆者の考えを[2]に述べている。
イ　カタカナ語の分かりにくさを指摘《してき》する具体的な事実を[1]と[2]で並べて述べている。

(2) ――線部とありますが、カタカナ語が増える状況《じょうきょう》についての筆者の考えが最もよく表されている一文を[4]段落から探して、その初めの五字（読点も含《ふく》む）を書き抜《ぬ》きなさい。（10点）

(3) この文章の構成は次のようになります。それぞれのまとまりでは何が書かれているかをあとから選び、記号で答えなさい。（各10点×3＝30点）

構成 ⬇ （[1]・[2]）（[3]）（[4]）

（[1]・[2]）
（[3]）
（[4]）

ア　筆者の考え
イ　問題の提示
ウ　具体的事実

2 次の文章を読んで、下の問いに答えなさい。

[1]花火が消える時には、全ての星が一つも残らず一斉《いっせい》に燃え尽《つ》きて、全体が一瞬《いっしゅん》で消えるのが理想で、「消え口がよい」と評価する。消え際《ぎわ》のよい花火は強烈《きょうれつ》な余韻《よいん》を残し、開いている時の華《はな》やかさとの落差が、より鮮烈《せんれつ》な印象とはかなさを見る者の心に焼き付ける。花火師が丹精《たんせい》をこめて作った花火は、こうして夜空で咲《さ》き、消え去る時にようやく完結する芸術となるのだ。

[2]現在の花火大会では、一発のできばえはもちろんのこと、それを連続して打ち上げる時の組み合わせやリズムといった演出面も、観客を楽しませるという観点から重要となっている。さらに、追い求めてきた丸く開く花火だけでなく、その技術をもとに、さまざまな形やこれまでにない動きをする花火も生み出され続けている。

[3]こうして、熟練された花火師によって作られる日本の花火は、世界に誇《ほこ》ることのできる水準となっている。だが、誰《だれ》もがその仕組みや価値を確認するために、花火を見ているわけではないだろう。花火は、大きな音とともに華やかに夜空に咲き、その直後には跡形《あとかた》もなく消えてなくなってしまう。その印象が、心の中にのみ残るので、人々は何度も見たいと思うのだろう。その一瞬の成果の背後には、花火師たちの高い技術が隠《かく》されている。古来より、情緒《じょうちょ》、風情《ふぜい》といった感覚をよく理解し、求める日本人にとって、華やかさとはかなさとを同時に味わえる花火は、実に琴線《きんせん》にふれる、味わいに富んだ芸術なのだと思う。

※[1]〜[3]は段落番号を表します。

（平成28年度版 教育出版2年44・45ページ 小野里公成「日本の花火の楽しみ」）

(1) [1]段落では、どんな事柄《ことがら》について述べられていますか。最も適切なものを次から選び、記号で答えなさい。（12点）

ア 花火が消えた後の静かな余韻《よいん》
イ 花火が開いている時の華《はな》やかさ
ウ 花火の消え去る時に完結する芸術

[　]

(2) [1]と[2]段落の関係を説明したものとして最も適切なものを次から選び、記号で答えなさい。（12点）

ア [1]で筆者の考えを述べ、[2]でその具体例を述べている。
イ [1]で事実を述べ、[2]で筆者の考えを述べている。
ウ [1]で事実を述べ、[2]で別の事実を述べている。

[　]

(3) [3]段落の要点をまとめた次の文の[　]にあてはまる言葉を文章中から書き抜《ぬ》きなさい。（各6点×2＝12点）

[　　　　　　　　　　]を同時に味わえる花火は、日本人にとって味わいに富んだ芸術であり、その背後には、花火師たちの[　　　　　]が隠《かく》されているのである。

(4) この文章の構成図として、最も適切なものを次から選び、記号で答えなさい。（14点）

ア （[1]）（[2]）（[3]）
イ （[1]・[2]）（[3]）
ウ （[1]）（[2]・[3]）

[　]

4 段落の要点と文章構成

標準問題

得点　　／100点

学習日　　／　　日

1 次の文章を読んで、下の問いに答えなさい。

1今、欧米《おうべい》で走っている路面電車の多くは、人々から「人に優《やさ》しく、環境《かんきょう》に優しい」乗り物といわれている。これは、古い時代の路面電車に対する言葉ではなく、現代的な装備を施《ほどこ》した高性能な路面電車に向けられた言葉である。この新しい路面電車の運行システムはLRT（ライトレールトランジット）と呼ばれ、次のような長所をもっている点で、過去の電車とは異なっている。

2まず最初にあげられる長所は、あらゆる人々が利用しやすいように、車両にデザイン上の工夫《くふう》がなされている点である。（中略）

3次に、環境とのかかわりからみて、電気エネルギーで走る路面電車は、炭酸ガスを出さないため、大変クリーンな乗り物だという点があげられる。環境浄化《じょうか》は世界共通の課題である。

4さらに、その経済性も評価されている。路面電車は、線路を敷《し》くための建設費が安い。その敷設《ふせつ》建設費は、一キロメートルあたり概算《がいさん》一〇億円から二〇億円と見積もって、地下鉄の約三〇分の一、高架《こうか》を走るモノレールの約一〇分の一程度である。だから、他の交通機関に比べて運賃を安くできる。

5このように、新しい路面電車には、大変魅力《みりょく》的な長所が幾《いく》つもある。

※1～5は段落番号を表します。

（平成14年度版　教育出版2年49・50ページ　伊奈彦定「古くて新しい路面電車」）

(1) 1段落の要点をまとめた次の文の□にあてはまる言葉を文章中から書き抜《ぬ》きなさい。（各4点×3＝12点）

〔現代的装備を施《ほどこ》した高性能な□は、□にも□にも優《やさ》しい乗り物である。〕

(2) ——線「次のような長所をもっている」とありますが、新しい路面電車はどのような長所をもっていますか。次の□にあてはまる言葉を文章中から書き抜きなさい。（各8点×3＝24点）

・〔車両に□がある。〕

・〔環境《かんきょう》面からみて□な乗り物である。〕

・〔建設費が安く、□が高い。〕

(3) 上の文章の構成を説明したものとして適切なものを次から選び、記号で答えなさい。（14点）

ア 1で筆者が提起する事柄《ことがら》を示し、2・3・4でその具体的な説明をし、5でまとめている。

イ 1で筆者の主張を述べ、2・3で具体例をあげ、4・5でまとめている。

□

2 次の文章を読んで、下の問いに答えなさい。

1 ぼくは日ごろから、「環境《かんきょう》さえ整っていれば、ぼくのような体の不自由な障害者は、障害者でなくなる。」と考えている。例えば、ぼくがA地点からB地点まで行きたいとする。ところが駅にはエレベーターも付いていない、バスやタクシーも車いすのままでは利用できないという状況《じょうきょう》では移動は不可能、または困難になる。そのとき、確かにぼくは「障害者」だ。

2 しかし、駅にエレベーターが付き、ホームと電車の間もすきまや段差がなく、スムーズな乗り入れが可能、バスやタクシーにもリフトが付いていて、車いすのまま乗りこめる、といったとき、そこに障害はなくなる。一般《いっぱん》的には、家を出るときに玄《げん》関《かん》で靴《くつ》を履《は》くが、ぼくの場合は、靴の代わりに車いすに乗る。なんの違《ちが》いもない。「障害者」を生み出しているのは、紛《まぎ》れもなく環境の不備なのだ。障害者が「かわいそう」に見えてしまうのも、物理的な壁《かべ》による「できないこと」が多いためだ。

3 では、障害者を苦しめているこのような物理的な壁を取り除くには、何が必要なのだろうか。ぼくは、心の壁を取り除くことが、なにより大切だと感じる。乗り物や建物などのハードと呼ばれる部分をつくり上げるのは、我々人間だ。そのつくり手である我々が、どれだけ障害者・高齢《こうれい》者に対しての理解や配慮《はいりょ》をもてるかで、ハードのバリアフリー化は、いくらでも進むだろう。

※1～3は段落番号を表します。

（平成14年度版　三省堂2年90～92ページ　乙武洋匡「心のバリアフリー」・『五体不満足』改より）

(1) 1段落の要点となる、中心的な内容が述べられた一文を探し、その初めの五字を書き抜《ぬ》きなさい。（10点）

(2) 2段落の要点となる連続した二文を探し、その初めの五字（符《ふ》号《ごう》を含《ふく》む）を書き抜きなさい。（10点）

(3) 3段落の要点をまとめた次の文の□にあてはまる言葉を文章中から書き抜きなさい。（各8点×2＝16点）

環境《かんきょう》の不備による□を取り除くには、□を取り除くことが大切である。

(4) 上の文章の構成を説明したものとして最も適切なものを次から選び、記号で答えなさい。（14点）

ア 1・2段落で相反する考え方を紹介《しょうかい》し、3段落で結論を述べている。

イ 1～3段落でそれぞれ筆者の考えと例を一つずつあげ、それらを並べて述べている。

ウ 1・2段落で筆者の考えを例をあげて述べ、3段落でさらに話題を進めて、考えをまとめている。

5 筆者の意見と要旨

基本問題①

得点
／100点

学習日
／　日

確認

★ 次の文章を読み、筆者の意見と要旨《ようし》（筆者が最も言いたいこと）について、下の問いに答えなさい。

今でもよく、道を歩いていると、すれ違《ちが》う子どもに「あの人、手と足がないよ。お母さん、どうして？」と言われる。お母さんは慌《あわ》ててぼくに「ごめんなさい、ごめんなさい。」と頭を下げ、「いいから、こっちにいらっしゃい。」と子どもを引っぱっていってしまう。

「アーア」、そのたびにぼくは残念に思う。また一人、障害者に対するよき理解者を増やすチャンスを逃《のが》してしまったと。

子どもは純粋《じゅんすい》だ。障害者を見れば「どうして？」との疑問を抱《いだ》くが、その疑問が解消されれば、分け隔《へだ》てなく接してくれる。もっともっと、聞いてきてほしい。「どうして？」という疑問をぶつけてきてほしい。その疑問を心に残したままにすることが、障害者に対する「心の壁《かべ》」となってしまうのだ。そして、その疑問が解かれ、子どもたちの中に障害者に対する「慣れ」が生じたとき、『心のバリアフリー』は実現される。

（平成14年度版　三省堂2年96ページ　乙武洋匡「心のバリアフリー」・『五体不満足』改より）

(1) 何について書かれた文章ですか。八字で書き抜《ぬ》きなさい。（10点）

(2) ――線「残念に思う」とありますが、筆者は、どんなことを残念に思うのですか。それが書かれた一文*を探し、その初めの五字（句読点も含《ふく》む）を書き抜きなさい。（10点）

＊文…まとまった内容を表すひと区切り。終わりに「。」（句点）などがつく。

(3) □にあてはまる言葉を書き抜いて要旨をまとめなさい。（各10点×2＝20点）

子どもが障害者に対して表すような、素直な疑問を解消することができれば、「□」はなくなり、障害者に対する「□」が生じて、『心のバリアフリー』が実現される。

！ 要旨とは、筆者が文章で言い表そうとしている最も大切な内容のこと。事実（具体例や体験）と筆者の意見を読み分け、要旨をとらえましょう。

1 次の文章を読んで、筆者の説明の中で、中心的な内容となる部分を❶は二十二字で、❷は一文で探し、その初めの五字を書き抜《ぬ》きなさい。（各15点×2＝30点）

❶

植物は光合成を行うために、二酸化炭素を吸い込《こ》み、酸素を吐《は》き出していますが、広大な水田の稲《いね》が吸収する二酸化炭素と、放出する酸素の量は膨大《ぼうだい》です。結果として、水田は空気をきれいにするためにも役立っているのです。

（平成28年度版　三省堂2年265ページ　岡崎稔「水田のしくみを探る・『調べてみよう　暮らしの水・社会の水』改より）

❷

動物たちの行動圏《こうどうけん》は、人間の行動圏よりもはるかに広い。地球上で水平方向に広範囲《こうはんい》に移動するだけでなく、深い水の中や高い空の上も含《ふく》めた広大な空間を動き回っている。私たちは、自分が見たり、経験したりできる範囲だけで考えて、彼らをわかったつもりになっていないだろうか。海の中、そして、地球にはまだまだ私たちの知らないことが眠《ねむ》っている。動物たちからもたらされるデータは、私たちが思考できる範囲を大きく広げてくれるはずだ。

（平成28年度版　光村図書2年48ページ　佐藤克文「生物が記録する科学」）

2 [1]段落であげられた問題に対する筆者の意見を[2]段落から三十字（読点や符号《ふごう》も一字に数える）で探し、その初めの五字を書き抜きなさい。（30点）

[1]日本の子どもたちの学力が低下していると言われることがあります。そんなことを言われるといい気分がしないでしょう。私が、中学生だとしても、新聞記事やテレビのニュースでそのようなことを聞かされたら、おもしろくありません。しかし、この機会に、少しだけ気を鎮《しず》めて、「学力が低下した」とはどういうことなのか、考えてみましょう。

[2]そもそも、低下したとされている「学力」とは、何をさしているのでしょうか。「学力って、試験の点数のことでしょう。」と答える人が、ほとんどだと思います。本当にそうでしょうか。「学力」とは「試験の点数」のことなのでしょうか。私はそうは思いません。試験の点数は数値です。数値ならば、他の人と比べたり、個人の経年変化をみたりするうえでは参考になります。でも、学力とはそのような数値だけで捉《とら》えるものではありません。「学力」という言葉をよく見てください。訓読みをしたら「学ぶ力」になります。私は学力を「学ぶことができる力」、「学べる力」として捉えるべきだと考えています。

※[1]・[2]は段落番号を表します。

（平成28年度版　教育出版2年178・179ページ　内田樹「学ぶ力」）

5 筆者の意見と要旨

基本問題②

得点　／100点

学習日　／　日

1 次の文章を読み、あとの文の□にあてはまる言葉を文章中から書き抜《ぬ》いて筆者の考えをまとめなさい。
（❶各5点×4＝20点、❷各10点×2＝20点）

❶

＊彼《かれ》らは、自然をコントロールしようなどとはいっさい思わず、そのかわり、この自然のもつ無限に多様で複雑な営みを、できるだけ繊細《せんさい》に理解し、それに適応して生きるために、その高度な「知性」を使っている。

だからこそ彼らは、我々人類よりはるか以前から、あの大きな体でこの地球に生きながらえてきたのだ。同じ地球に生まれながら、片面だけの「知性」を異常に進歩させてしまった我々人類は、今、もう一方の「知性」の持ち主である鯨《くじら》や象たちからさまざまなことを学ぶことによって、真の意味の「＊ガイアの知性」に進化する必要がある、と私は思っている。

＊彼ら…鯨・象を指す。　＊ガイア…地球のこと。

（平成28年度版　教育出版2年167ページ　龍村仁「ガイアの知性」）

□□の複雑な営みを□□し、それに□□して生きる「知性」を持った鯨《くじら》や象から学ぶことで、人類は「□□□□□□」に進化する必要がある。

❷

「どうせ自分なんて」ということばを口にする人がいる。しかし、自分は一人しかいない、かけがえのない存在なんだと、自分を誇《ほこ》りに思えるようになれば、「どうせ自分なんて」という自ら人生をつまらなくするようなことばは口にしなくなるだろう。

そして、自分の存在を認められるようになれば、自然に、目の前にいる相手の「相手らしさ」も認めることができるようになるはずだ。自分も、たった一人の自分であるように、この人も、たった一人しかいない、大切な存在なんだと。

障害者が暮らしやすいバリアフリー社会をつくるためだけではない。すべての人が、与《あた》えられた命を無駄《むだ》にすることなく、その命を最大限に生かして生きていくためにも、自分らしさを見失わず、自分に誇りをもって生きていくことを望みたい。

（平成14年度版　三省堂2年98〜100ページ　乙武洋匡「心のバリアフリー」・『五体不満足』改より）

自分も他人も、この世にたった一人しかいない、□□□□のない存在だから、すべての人が、自分に□□をもって生きていってほしい。

2 次の文章を読み、要旨《ようし》（筆者の考え）として最も適切なものをそれぞれあとから選び、記号で答えなさい。（各30点×2＝60点）

1

英語には〝お手紙を拝見しました〟の〝お〟や〝拝〟に当《あた》る表現はないが、ただ〝君の手紙を受取った〟と書いたのでは、やはり、失礼になるのであって、〝君の手紙をありがとう〟とする。敬語がないのなら、乱暴でいいということではない。ほかの形による表敬表現は必要なのである。ところが、このごろの日本人には敬語をすてただけで、その代償《だいしょう》となる表敬表現を添《そ》えないことがすくなくない。それで、たいへんな失礼になる。人の心を傷つける。世の中や人間関係がぎすぎすしてきて、みんながおもしろくない。

〝ことばづかい〟や〝つき合い〟が上手になりたいと思う人がたくさんいるのは、失礼に傷ついた人たちがいかに多いかを暗示している。

（外山滋比古『英語の発想・日本語の発想』ＮＨＫブックスより）

ア 英語には敬語はないが、独特の表敬表現があるので、その国独自の文化を大切にしていかなければならない。

イ 国や言語によって形は違《ちが》っても表敬表現はあるのであり、最近の日本ではそれが失われていることが多い。

ウ 表敬表現がない国では、人間関係がぎすぎすしがちなので、日本人は敬語を捨ててしまうべきではない。

2

日本のだしといえば、昆布《こんぶ》、しいたけ、鰹節《かつおぶし》がいわゆる三種の神器です。この三つからはいずれもすばらしいうまみが出て、しかも脂《あぶら》は出ません。西欧《せいおう》料理や中国料理のだし取りでは、とりがらや牛の尾《お》、豚《ぶた》の足や骨、魚介《ぎょかい》類などを煮込《にこ》むため、油脂《ゆし》成分がスープの上に浮《う》いてきます。しかし日本のだしには脂がない。脂がなくておいしいだしを持ったからこそ、日本料理は繊細《せんさい》になってきたわけです。懐石《かいせき》料理はすばらしい日本の料理ですが、それが世界からも芸術的なものとして評価されるのは、鰹節のだしという伝統技《わざ》があったからこそなのです。

以上のように、鰹節は、日本人の知恵《ちえ》の結晶《けっしょう》ともいえるすばらしい保存食品であり、日本料理の発展のための原動力ともなりました。鰹節は、日本人が声を大にして世界に誇《ほこ》れる食べ物なのです。

（平成28年度版　東京書籍２年65ページ　小泉武夫「鰹節――世界に誇る伝統食」）

ア 脂《あぶら》を出さずにうまみだけが出る日本のだしは、西欧《せいおう》料理や中国料理にはない芸術性がある。

イ 日本のだしの三種の神器の一つである鰹節《かつおぶし》のおかげで、懐石《かいせき》料理は世界で最も有名な料理となった。

ウ 鰹節は、日本人が世界に誇れるすばらしい保存食品であり、日本料理発展のための原動力になった。

5 筆者の意見と要旨

標準問題

得点

／100点

学習日

／　日

1 次の文章を読んで、下の問いに答えなさい。

＊カミナリはピーナツが大の好物である。これだけは断固独占《どくせん》したい。カミナリを海へ入れてみようと海岸の岩に連れてゆき、目の前の海にピーナツを投げた。彼は手を伸《の》ばして取ろうとするが、決して海へは入らない。手がぬれることさえ嫌《いや》なのだ。子供たちはピーナツを見て次々に海へ跳《と》び込《こ》み、泳ぎながら拾って食べるのを、カミナリはいまいましそうに見ているだけだ。

この光景を見ていて、①私はぐっと胸に来るものがあった。何が創造力を動かしていくかについて、考えさせられたのである。カミナリは私が知っているリーダーの中では最も優《すぐ》れた、いわば名君と言ってもよいリーダーである。しかし、非常に保守的で＊イモ洗いなどの新しい行動型は全て身につけない。これは②年寄ったサルに共通の性質である。一方、新しい行動を開発していくのは、少年少女期の若いサルたちである。つまり、彼《かれ》らは今までのしきたりにとらわれない柔軟《じゅうなん》さを身につけているからだ。

＊カミナリ…雄《おす》ザルにつけられた名前。
＊イモ洗い…砂浜《すなはま》のイモを川で洗って食べる行動。

（平成28年度版　学校図書2年172・173ページ　河合雅雄「若者が文化を創造する」・『子どもと自然』より）

(1) ——線①「私はぐっと胸に来るものがあった」とありますが、それはなぜですか。次の文の□にあてはまる言葉を文章中から書き抜《ぬ》きなさい。（各8点×3＝24点）

「カミナリ」のように、□□と言ってもよいような優《すぐ》れたリーダーでも、□□□□サルには、新しい□□を開発できないことに気づいたから。

(2) ——線②「年寄ったサルに共通の性質」とは、どんなことですか。文章中から六字で書き抜きなさい。（10点）

□□□□□□

(3) 上の文章の要旨《ようし》として最も適切なものを次から選び、記号で答えなさい。（16点）

ア 「カミナリ」は海へは入れないが優れたリーダーである。

イ 人間と異なり、サルの社会で新しい行動を起こすのは、年寄ったリーダーのサルである。

ウ サルの社会で新しい行動型を開発していくのは、柔《じゅう》軟《なん》に行動する若いサルたちである。

□

2 次の文章を読んで、下の問いに答えなさい。

さあ、新しい問題が出てきた。人前でおなかが鳴ると恥《は》ずかしいのは、どうしてか？　中学二年になって子供っぽい服を着ていると恥ずかしいと感じる。どうしてだろう？

もうあとはみんなそれぞれに考えてみてほしいけれど、私の考えを述べてみよう。私は、「共感」ということが鍵《かぎ》になると思う。おなかが鳴ったときも、みんなが「そうだよなあ、おなかすいたよねえ。」と共感してくれるならば、恥ずかしくはない。逆に、みんなが静かにだいじな話を聞いているときに、一人だけおなかが鳴って雰囲気《ふんいき》を壊《こわ》しちゃったりすると、すごく恥ずかしい。これは、自分のおなかが鳴ったことが、周りの人たちに共感をもって受け入れてもらえるかどうかの違《ちが》いじゃないだろうか。（中略）

もし周囲の共感を求める気持ちが強くないのであれば、恥ずかしいという気持ちも強く起こらないことになる。共感を求める気持ちが皆無《かいむ》ならば、部屋の中に一人でいるときと同じで、恥ずかしくもならない。電車の中で化粧《けしょう》することを恥ずかしいと思わない人たちというのは、つまり、そういうことなのではないだろうか。

周囲から共感をもって受け入れられていないと感じるとき、それが恥ずかしいという感情を引き起こす。だから、失敗ということは恥ずかしいという感情にとって、本質的なことではない。本質的なのは周囲の共感があるかどうかだ。共感があれば失敗しても恥ずかしくはないし、共感がなければ失敗していなくとも恥ずかしいと感じる。

（平成28年度版　東京書籍2年94・95ページ　野矢茂樹「哲学的思考のすすめ」）

---

(1) 上の文章はどんな事柄《ことがら》について書いていますか。最も適切なものを次から選び、記号で答えなさい。（8点）

ア　恥《は》ずかしさと共感の関係。
イ　失敗と周囲の反応の関係。
ウ　失敗と恥ずかしさの関係。

［　　］

(2) ——線「人前でおなかが鳴ると恥ずかしい」とありますが、そのように感じるのはどんなときですか。次の文の□にあてはまる言葉を文章中から書き抜《ぬ》きなさい。（各6点×4＝24点）

みんなが［　　　　　　　　］を聞いているときなどに、自分のおなかが鳴ったことで［　　　］を壊《こわ》して、［　　　　　］に［　　］をもって受け入れてもらえなかったとき。

(3) 上の文章の要旨《ようし》をまとめた次の文の□にあてはまる言葉を文章中から書き抜きなさい。（各6点×3＝18点）

［　　　　　］という感情にとって本質的なことは、［　　　　　］があるかどうかで、なければ［　　］していなくても恥ずかしいと感じるものだ。

たしかめよう

完成問題①

得点　／100点

学習日　／　日

▼次の文章を読んで、下の問いに答えなさい。

さて、外国から新しい物や概念《がいねん》がもたらされるとき、それを受け入れる方法には次のようなものがあります。英語が日本語に導入される場合を例に考えてみましょう。

まず、原語をそのまま、[A]カタカナ語として受け入れる「単純借用」と呼ばれる方法です。日本語化に際し多少音声が変容します。現在の日本語では、先ほどの引用*②に出ている「アイディア」や「オープン」をはじめ、①枚挙にいとまがありません。

第二に、原語の意味を日本語に翻訳《ほんやく》し、新語を造ることで対処する「翻訳借用」があります。特に幕末から明治にかけては、「自由」「社会」「個人」「科学」など、相当数の新語（和製漢語）が②この方法で出現しました。なお、翻訳借用にはairportを「空港」とする逐語《ちくご》訳的なものと、beerを「麦酒《ばくしゅ》」とする意訳的なものがあります。

第三の方法は、新しい物や概念に類似《るいじ》した意味を持つ既存《きそん》の日本語をそのまま利用する、「転用」と呼ばれるものです。「さじ」は、もともとは茶の道具としての「茶匙《ちゃさじ》」が、spoonを指すように意味が拡張されたものです。また、以前は車輪そのものや人力車を指した「くるま」が、automobileやcarの意味で用いられているのも同じ例です。

(1) [A]・[B]にあてはまる言葉として最も適切なものをそれぞれ次から選び、記号で答えなさい。（各10点×2＝20点）

ア だから　イ さらに
ウ ところで　エ いわゆる

A [ ]　B [ ]

(2) ――線①「枚挙にいとまがありません」とはどういう意味ですか。最も適切なものを次から選び、記号で答えなさい。（10点）

ア 非常にたくさんあるという意味。
イ ごくわずかであるという意味。
ウ 数がよくわからないという意味。

[ ]

(3) ――線②・③の「この方法」とは、それぞれどのような方法ですか。②は三十二字（読点や符号《ふごう》も一字に数える）、③は二十字以内で文章中から探して、それぞれ初めと終わりの五字を書き抜《ぬ》きなさい。（完答10点×2＝20点）

② [　　　　　]～[　　　　　]

③ [　　　　　]～[　　　　　]

B 最近ではアルファベットをそのまま用いる方法も盛《さか》んです。「APEC《エイペック》」（アジア太平洋経済協力会議）、「EU」（ヨーロッパ連合）などの固有名詞にとどまらず、「IC」（集積回路）、「CD」（コンパクトディスク）などのようにも使われています。これらは日本語ふうに発音すれば「 I 」としての外来語になるわけですが、表記だけでは外来語なのか外国語なのか分かりません。いずれにしろ、国際化の進展という時代背景、アルファベット略語の表記の簡潔さや表現力などを考え合わせると、今後③この方法による導入が着実に増え続けることは確かです。

　また、「パソコン」「CM」など、単純借用によるカタカナ語やアルファベットを用いて、日本人が独自に作り出したいわゆる和製英語（広くは和製外来語）が増えてきました。外国人のみならず日本人自身からの非難の声をよそに、その増殖《ぞうしょく》の傾向《けいこう》はいっこうに衰《おとろ》えません。ただ、確かに和製英語の氾濫《はんらん》は困りものですが、和製英語自体は日本人の言語感覚や日本語の論理から作られるものであり、④それを悪者扱《あつか》いするのは意味のないことです。

＊引用②…この文章の前の部分で示されているカタカナ語が多く使われた文章例のこと。

（平成14年度版　東京書籍２年220〜222ページ　陣内正敬「カタカナ抜きで話せますか」・『日本語の現在』より）

(4) **I** にあてはまる言葉を文章中から四字で書き抜きなさい。（10点）

(5) ――線④「それ」が指し示す言葉を文章中から四字で書き抜きなさい。（10点）

(6) この文章の構成を説明したものとして最も適切なものを次から選び、記号で答えなさい。（15点）

ア 事実をいくつか並べたあと、最後に結論をまとめている。

イ 初めに話題を提示し、次にそれについて順番に説明している。

ウ 初めに筆者の考えを示し、次にそれが正しいといえる例を並べている。

(7) 上の文章では、どのようなことについて説明していますか。最も適切なものを次から選び、記号で答えなさい。（15点）

ア 和製英語はもともとの英語の意味と異なるため、人々に混乱を招くから使わない方がよいということ。

イ 外国から入ってくる言葉などをいろいろな方法で受け取ることができる日本語は豊かな言葉であるということ。

ウ 外国からもたらされる新しい物や概念《がいねん》を受け入れる方法には、いくつかの方法があるということ。

たしかめよう

完成問題②

得点 ／100点

学習日 ／ 日

▼次の文章を読んで、下の問いに答えなさい。

1 ここ数年、私には鯨《くじら》と象を撮影《さつえい》する機会がとても多かった。□特に意識的に選んだつもりはないのに、結果として①そうなってきた理由を考えてみると、これは、鯨や象と深くつきあっている人たちが皆《みな》、人間としてとてもおもしろかったからだ。

2 人種も職業も皆それぞれ異なっているのに、彼《かれ》らには②独特の、共通した雰囲気《ふんいき》がある。

3 彼らは、鯨や象を、自分の知的好奇心《こうきしん》の対象とは考えなくなってきている。鯨や象から、なにかとてつもなく大切なものを学び取ろうとしている。そして、鯨や象に対して、*畏敬《いけい》の念さえ抱《いだ》いているようにみえる。

4 人間が、どうして野生の動物に対して畏敬の念まで抱くようになってしまうのだろうか。この、③人間に対する興味から、私も鯨や象に興味を抱くようになった。そして、自然の中での鯨や象との出会いを重ね、彼らのことを知れば知るほど、④私もまた、鯨や象に畏敬の念を抱くようになった。

5 今では、鯨と象は、私たち人類にある重大な示唆《しさ》を与《あた》えるために、あの大きな体で（現在の地球環境《かんきょう》では、体が大きければ大きいほど生きるのが難しい。）数千万年もの間この地球に生き続けてきてくれたのでは、とさえ思っている。

6 *大脳新皮質の大きさとその複雑さからみて、鯨と象と人はほ

(1) □にあてはまる言葉を選び、記号で答えなさい。（10点）

ア ところが　イ いっぽう
ウ なぜなら　エ すなわち

(2) ――線①「そうなってきた」とありますが、どうなってきたのですか。最も適切なものを次から選び、記号で答えなさい。（10点）

ア 鯨《くじら》と象を撮影《さつえい》する機会がとても多くなってきた。
イ 鯨と象を意識的に選んで撮影するようになってきた。
ウ 鯨や象と深くつきあうようになってきた。

(3) ――線②「独特の、共通した雰囲気《ふんいき》」とは、どのような雰囲気ですか。最も適切なものを次から選び、記号で答えなさい。（15点）

ア 鯨や象を愛するあまり、人間を嫌悪《けんお》する雰囲気。
イ 鯨や象に畏敬《いけい》の念を抱《いだ》いているような雰囲気。
ウ 鯨や象に対して、知的な好奇心《こうきしん》を感じている雰囲気。

(4) ――線③「人間に対する興味」の内容を具体的に述べた一文を探し、その初めの六字（読点を含《ふく》む）を書き抜《ぬ》きなさい。（15点）

(5) ――線④「私もまた、鯨や象に畏敬の念を抱くようになった」とありますが、その結果、今の「私」は、鯨や象をどのような存在だと考えるようになっていますか。次の文の□にあてはまる言葉を文章中から書き抜きなさい。（15点）

ぼ対等の精神活動ができる、と考えられる。[　　]、この三種は、地球上で最も高度に進化した「知性」をもった存在だ、ということができる。実際、この三種の誕生からの成長過程はほぼ同じで、あらゆる動物の中で最も遅《おそ》い。一歳《さい》は一歳、二歳は二歳、十五、六歳でほぼ一人前になり、寿命《じゅみょう》も六、七十歳から長寿のもので百歳まで生きる。本能だけで生きるのではなく、年長者から生きるためのさまざまな知恵《ちえ》を学ぶために、これだけゆっくりと成長するのだろう。

7 このような点からみると、鯨と象と人は確かに似ている。しかし、誰《だれ》の目にも明らかなように、人と他の二種とは何かが決定的に違《ちが》っている。

＊畏敬…心からおそれ、尊敬すること。
＊大脳新皮質…大脳の表面の部分。
※1〜7は段落番号を表します。

（平成28年度　教育出版2年160〜162ページ　龍村仁「ガイアの知性」）

鯨と象は、人類に重大な[　　]を与《あた》えるために、長い間地球に生き続けてきてくれた存在。

(6) 鯨と象と人がゆっくり成長することは何のためだと筆者は考えていますか。「〜ため。」に続くように、二十字前後で書き抜きなさい。 (20点)

[　　　　　　　　　　]ため。

(7) この文章は、内容のうえから大きく次の二つに分けられます。あとの部分はどこから始まりますか。段落番号で答えなさい。 (15点)

Ⅰ 「私」が鯨や象に畏敬の念を抱くようになったこと。
Ⅱ 鯨と象と人について。

[　　]段落

書いてみよう

鯨や象などの野生動物について、この文章を読んで思ったことや、考えたことを百字程度で書いてみよう。

1 場面をとらえる

基本問題①

得点
／100点

学習日
日

確認

★ 次の文章を読み、□にあてはまる言葉を書き抜いて、場面の様子についてまとめなさい。（各4点×6＝24点）

夕方、男の子は走って、外から戻《もど》ってきました。
「見てよ、お母さん、このハンカチ……。」
言いながら広げたハンカチは、世界を燃やし尽《つ》くしてしまいそうな、明るい夕焼けの色に染まっていて、桜貝のプリントは金色の太陽に変わっていたのです。

（平成28年度版　学校図書2年151ページ　立原えりか「海のハンカチ」）

時…□　**場所**…家の中

登場人物…□・□

できごと…男の子がお母さんに見せた□の□と□が変わっていた。

！ まず、場面【時（いつ）・場所（どこで）・登場人物（誰《だれ》が）・できごと（何をした）】を、とらえることが大切です。

1 次の文章を読んで、あとの問いに答えなさい。（各8点×3＝24点）

①
遠くでなにかが鳴いている。耳鳴りのようにいくつもの鳴き声。一斉《いっせい》にてんでに同じ種類の音が聞こえる。ぼんやりとその音に意識を覚醒《かくせい》させた敏也《としや》はそれがせみの鳴き声だとやっと気がついた。激しいせみ時雨《しぐれ》。

（平成18年度版　三省堂2年180ページ　浅暮三文「10センチの空」）

・この場面の季節はいつですか。漢字一字で書きなさい。また、この場面の登場人物の名前を、文章中から書き抜きなさい。

季節…□　**登場人物**…□

②
午後になって少年の家を訪ねてきた客は、初めて見る顔だった。背広に黒いネクタイを締《し》めているのは、朝から入れかわり立ちかわりやってくる他の客と同じだったが、家の外にいた親戚《しんせき》に挨拶《あいさつ》する時の言葉づかいが違《ちが》った。

（平成28年度版　教育出版2年18ページ　重松清「タオル」・『はじめての文学　重松清』より）

・場面はいつですか。――線部に注意して正しいものを選び、記号で答えなさい。

ア お誕生日会の日の午後
イ お葬式《そうしき》の日の午後

□

2 次の文章を読んで、あとの問いに答えなさい。（各14点×2＝28点）

1

少年は、いつしか自分も、ぴったり防空壕《ぼうくうごう》の壁《かべ》に身を寄せ、床下《ゆかした》の暗闇《くらやみ》に目を凝《こ》らし、もし、敵が近づいてきたら、すぐ教えようと息を潜《ひそ》めます。

（平成14年度版　東京書籍2年65ページ　野坂昭如「僕の防空壕」・『戦争童話集』より）

・**場所はどこですか。□にあてはまる言葉を書き抜《ぬ》きなさい。**

〔□□□の中〕

2

「引き返そう。」

リーダーの坂田《さかた》がきっぱりと宣言した。

「仕方ないわ。霧《きり》が出てきたから……。」

先頭を歩いていた未歩《みほ》がくやしそうに言って、みんなの方を振《ふ》り返った。

急に寒くなり、あっという間に濃《こ》い霧が桜高校登山部の七人を取り巻いた。

「小屋まで一気に下るんだ。」

坂田がみんなを励《はげ》ますように言った。

・**場所はどこですか。正しいものを選び、記号で答えなさい。**

ア 濃《こ》い霧《きり》におおわれた山道。

イ 濃い霧が立ち込めた山小屋。

□

3 次の文章の場面に合う言葉を□に書きなさい。（各8点×3＝24点）

雨が降ってきた時、敦子《あつこ》はもう一度、福造《ふくぞう》に声をかけた。けれども、福造は無言だった。

やがて、福造は三人を呼んだ。

「フックを抱《だ》いてきてくれ。」

晋太郎《しんたろう》と恭太《きょうた》が、白いシーツでくるまれたフックを持ち上げ、庭に出て、金木犀《きんもくせい》の巨木《きょぼく》の下へ運んだ。

福造の顔をぬらしているものが、汗《あせ》なのか雨の滴《しずく》なのか涙《なみだ》なのか分からなくなっていた。

掘《ほ》った穴の底にフックを降ろし、福造は黙々《もくもく》とその上に土をかぶせた。かぶせ終わって、盛り上がっている土を手でたたき、福造は、やっと口を開いた。

「長いつき合いやったな……。なんか、三十年も四十年も一緒《いっしょ》に暮らしたような気がするわ。」

それから、少し白み始めた空を見上げ、

「ええ雨や。」

と言って、居間へ戻っていった。

（平成14年度版　学校図書2年133～135ページ　宮本輝「フックの死―彗星物語」・『彗星物語』より）

・**一日の中のいつ……**〔明け前〕

・**登場人物の数……**〔□人〕

・**場所……**〔庭の□□□□□□の下〕

1 場面をとらえる

基本問題②

得点 ／100点

学習日 ／ 日

1 次の文章で、語り手は何をしていますか。□にあてはまる言葉を文章中から書き抜《ぬ》きなさい。（各15点×2＝30点）

①

えびフライ。発音がむつかしい。舌がうまく回らない。都会の人には造作もないことかもしれないが、こちらにはとんとなじみのない言葉だから、うっかりすると舌をかみそうになる。フライのほうはともかくとして、えびが、存外むつかしい。

（平成28年度版 光村図書2年92ページ 三浦哲郎「盆土産」・『冬の雁』より）

「えびフライ」という言葉の□を練習している。

②

驚《おどろ》いたことに馬はこのサーカス一座の花形だったのだ。人間を乗せると彼《かれ》は見違《みちが》えるほど生き生きした。馬本来の勇ましい活発な動作、その上に長年鍛《きた》え抜いた巧《たく》みな曲芸を見せ始めた。楽隊の音につれてダンスしたり、片側の足で拍子《ひょうし》を取るように奇妙《きみょう》な歩き方をしたり、後足をそろえて台の上に立ち上がったり……。

（平成28年度版 学校図書2年41～43ページ 安岡章太郎「サーカスの馬」・『安岡章太郎全集』第四巻より）

サーカスの馬が□をしているところを見ている。

2 次の文章で「少年」は何をしていますか。あとから正しいものを一つ選び、記号で答えなさい。（20点）

その朝、飼育器の卵から、ひな鳥のなく声が聞こえた。皆《みな》がほかの授業を受けている時は紺野《こんの》先生が見守っている。殻《から》にひびが入ったら、知らせに行くと約束をした。その紺野先生のところへ、無線機を使った通信が入った。

「先生、ハッチ-アウト＊はどうです。始まりましたか。」

島に住む、あの少年である。

「まもなくだよ。」

ちょうど、ひびが入り始めたので、紺野先生は送信機を卵のすぐ近くへ置いて生徒たちを呼びに行った。

＊ハッチ-アウト…卵からひながかえること。

（平成14年度版 教育出版2年18・19ページ 長野まゆみ「卵」・『夏帽子』より）

ア ひな鳥がかえったかを無線機で聞いている。

イ ひな鳥がかえる様子を目の前で見ている。

ウ ひな鳥がかえる様子を無線機で伝えている。

□

3 次の文章は、誰《だれ》が、何をする場面ですか。あとの□にあてはまる言葉を文章中から書き抜《ぬ》きなさい。（各5点×4＝20点）

1

　十月の初めに、ぐうちゃんは小さな旅支度《たびじたく》をして「いそうろう」を卒業してしまった。

　出発の日、僕《ぼく》は、何て言っていいのかわからないままぐうちゃんの前に立っていた。ぐうちゃんは僕に近づき、あの表情で笑った。そして、何も言わずに僕の手を握《にぎ》りしめ、力の籠《こ》もった強い握手《あくしゅ》をして、大股《おおまた》で僕の家を出ていった。

（平成28年度版　光村図書2年25ページ　椎名誠「アイスプラネット」）

「□」が、「いそうろう」を卒業して旅に出る
□を見送る場面。

2

　メロスはざんぶと流れに飛び込《こ》み、百匹《ひゃっぴき》の大蛇《だいじゃ》のようにのたうち荒《あ》れ狂《くる》う波を相手に、必死の闘争《とうそう》を開始した。満身の力を腕《うで》に込めて、押《お》し寄せ渦巻《うずま》き引きずる流れを、なんのこれしきとかき分けかき分け、獅子奮迅《ししふんじん》の人の子の姿には神も哀《あわ》れと思ったか、ついに憐憫《れんびん》を垂れてくれた。押し流されつつも、見事、対岸の樹木の幹にすがりつくことができたのである。

（平成28年度版　光村図書2年199・200ページ　太宰治「走れメロス」・『太宰治全集3』より）

闘《たたか》いながら、対岸まで泳ぎつく場面。
□が、□と

4 次の文章は、誰《だれ》が、何をする場面ですか。あとの□にあてはまる言葉を、文章中から書き抜きなさい。（各10点×3＝30点）

「茂《しげ》みから、ちょっと頭を出してるだろ」

　言われるままに野ばらの茂みを見回すと、野ばらの葉とちがう、淡《あわ》いきみどりの芽がわずかに顔を出していた。

「これ……？」

　サチが兄《あい》やんをふり返って聞くと、兄やんは、こくりとうなずいて笑いながら近よってきた。

「ばらのとげが危ないから、やっぱりおれがとろうか。」

「いい、サチがとる」

　サチは、そう言うと、しゃがんで野ばらの茂みの中を見た。イタドリをとるのは、今日が生まれて初めてだった。だから、どうしても自分でとりたかった。野ばらの茂みは枝や葉が屋根のようになっているだけで、その中は空洞《くうどう》だった。地面からイタドリがのびあがっているのが、はっきり見えた。サチは、イタドリの位置をたしかめておいてから、ひざをついて右手をのばし、顔をそむけたまま手でイタドリをさぐった。右手の指先に、それらしいものを感じてそのままつかみ、根元からポキリと折った。指先からつたわってきたような喜びが、サチの胸にひろがり、顔にも満ちてきた。

（笹山久三「兄やん」・『やまびこのうた』河出書房新社より）

□が、□を
生まれて□とる場面。

1 場面をとらえる

基本問題③

得点 ／100点

学習日 ／ 日

1 次の文章を読んで、下の問いに答えなさい。

〈二人の紳士《しんし》は、食事をしに料理店に入る。そのずっと奥《おく》の部屋に入ったとき、実は、自分たちが料理されるのだと気づき泣きだす。〉

A

そのとき後ろからいきなり、

「わん、わん、ぐわあ。」という声がして、あの白熊《しろくま》のような犬が二匹《にひき》、戸を突《つ》き破って部屋の中に飛び込《こ》んできました。鍵穴《かぎあな》の目玉はたちまちなくなり、犬どもはううとうなってしばらく部屋の中をくるくる回っていましたが、また一声、

「わん。」と、高くほえて、いきなり次の戸に飛びつきました。戸はがたりと開き、犬どもは吸い込まれるように飛んでいきました。

その戸の向こうの真《ま》っ暗闇《くらやみ》の中で、

「にゃあお。くわあ、ごろごろ。」という声がして、それからがさがさ鳴りました。

B

部屋は煙《けむり》のように消え、二人は寒さにぶるぶる震《ふる》えて、草の中に立っていました。

見ると、上着や靴《くつ》や財布《さいふ》やネクタイピンは、あっちの枝にぶら下がったり、こっちの根もとに散らばったりしています。風がどうと吹《ふ》いてきて、草はざわざわ、木の葉はかさかさ、木はごとんごとんと鳴りました。

〔 〕部分要約

（平成28年度版 三省堂1年資料編258・259ページ 宮沢賢治「注文の多い料理店」『宮沢賢治全集8』より）

(1) Aの場面とBの場面では、場所はどのように変化しましたか。□にあてはまる言葉を文章中からそれぞれ書き抜《ぬ》きなさい。（各10点×2＝20点）

Aの場面……□□の中

↓

Bの場面……□の中

(2) AからBへと場所が変化するきっかけとなった登場人物（動物）を、文章中の言葉を使って十字以内で書きなさい。（15点）

□のような□□□□□□

※書き抜きではありません。

(3) ——線「その戸の向こうの真《ま》っ暗闇《くらやみ》の中」には、何がいたのですか。次から最も近いと考えられるものを一つ選び、記号で答えなさい。（15点）

ア 二匹《ひき》の犬

イ 二人の男

ウ 猫《ねこ》のようなもの

□

2 次の文章を読んで、下の問いに答えなさい。

〔「彼《かれ》」とヒロ子さんは、葬式《そうしき》まんじゅうをもらいに行くことにする。〕

「行ってみようか？　じゃあ。」

「よし。」と彼は叫《さけ》んだ。「競走だよ！」

A

芋畑《いもばたけ》は、真っ青な波を重ねた海みたいだった。彼はその中に躍《おど》り込《こ》んだ。近道をしてやるつもりだった。……ヒロ子さんは、あぜ道を大回りしている。僕《ぼく》のほうが早いに決まっている、もし早い者順でヒロ子さんの分がなくなっちゃったら、半分分けてやってもいい。芋のつるが足にからむ柔《やわ》らかい緑の海の中を、彼は、手を振《ふ》り回しながら夢中で駆《か》け続けた。

正面の丘《おか》の陰《かげ》から、大きな石が飛び出したような気がしたのはその途中《とちゅう》でだった。石はこちらを向き、急速な爆音《ばくおん》と一緒《いっしょ》に、不意に、何かを引きはがすような激しい連続音が聞こえた。叫び声があがった。「カンサイキ*だあ。」と、その声はどなった。

B

艦載機《かんさいき》だ。彼は恐怖《きょうふ》に喉《のど》がつまり、とたんに芋畑の中に倒《たお》れ込んだ。

＊カンサイキ（艦載機）…航空母艦から発進してきた戦闘機《せんとうき》のこと。

〔　〕部分要約

（平成28年度版　教育出版2年88・89ページ　山川方夫「夏の葬列」・『山川方夫全集第四巻』より）

(1) この場面の季節はいつですか。――線部を参考に答えなさい。（10点）

□

(2) Aの場面で、「彼《かれ》」は何をしていますか。次の□にあてはまる言葉を文章中から書き抜《ぬ》きなさい。（各5点×4＝20点）

〔競走で勝つために、□□□を通る□□□□に、□□の中を□□で走っている。〕

(3) Aの場面における「彼」の楽しい気持ちが、Bの場面では恐怖《きょうふ》へと変わっています。これをふまえて次の①～③の問いに答えなさい。

① 「彼」の気持ちを変えるきっかけとなったものは何ですか。文章中から書き抜きなさい。（5点）

□□□

② ①のものは何にたとえられていますか。文章中から四字で書き抜きなさい。（5点）

□□□□

③ ①のものを見た「彼」はどのような行動をとりますか。文章中から十字（句点は含《ふく》まない）で書き抜きなさい。（10点）

□□□□□□□□□□

1　場面をとらえる

標準問題

得点
／100点

学習日
／　日

1 次の文章を読んで、下の問いに答えなさい。

敦子《あつこ》が、衣類を収納する箱を開け、春物と夏物とを入れ替《か》えていた時、居間の方で、はとの鳴き声に似た音が聞こえた。敦子は、不審《ふしん》に思って、ほんのしばらく耳を澄《す》ました。だが、奇《き》妙《みょう》な音は一度きりで、あとは何も聞こえなかった。

衣類箱を降ろしたり積んだりしているうちに、腰《こし》がだるくなり、お茶でも飲んで一服しようと□に戻《もど》ってきた敦子は、よく眠《ねむ》っているフックに、

「渡辺《わたなべ》さんとこのペスちゃんが、もうそろそろ恋《こい》の季節らしいよ。フックは、ペスちゃんを好きやろ？」

と声をかけた。そしてフックを見つめ、敦子は、フックが身じろぎ一つしていないことに気づいた。

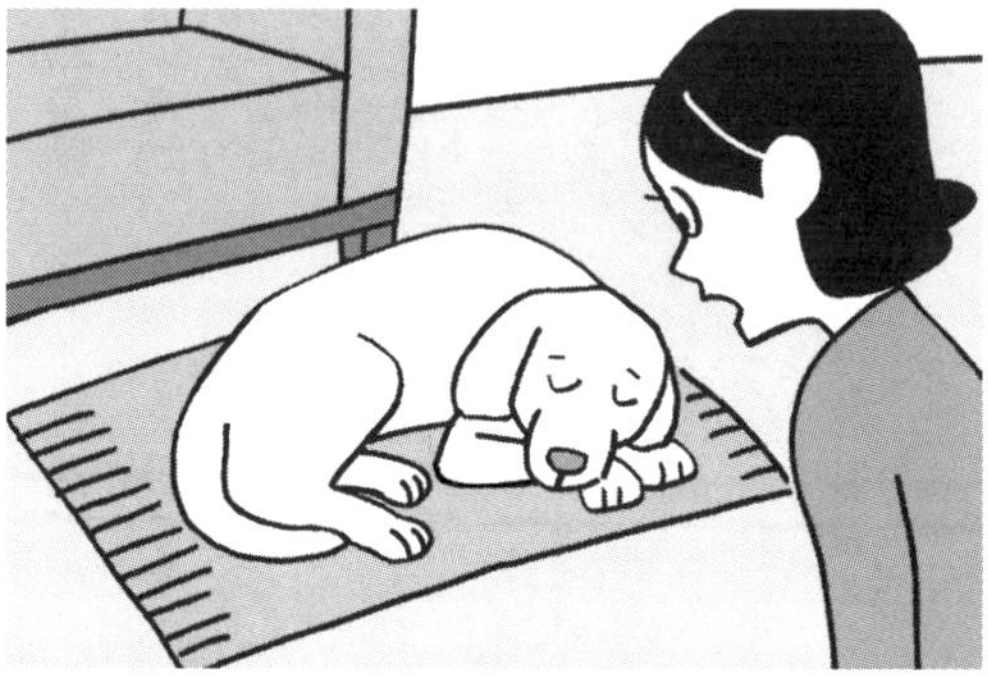

（平成14年度版　学校図書2年128・129ページ　宮本輝「フックの死――彗星物語」・『彗星物語』より）

---

(1) この場面における季節を、次のそれぞれの□に、漢字一字ずつをあてはめて答えなさい。（完答15点）

〔□から□に向かう季節。〕

(2) ――線「奇妙《きみょう》な音」とありますが、これは何の音だと考えられますか。最も適切なものを次から選び、記号で答えなさい。（10点）

ア　はとが鳴きさわぐ声。
イ　ペスちゃんの鳴き声。
ウ　フックの鳴き声。
エ　敦子《あつこ》がフックを呼ぶ声。

□

(3) □にあてはまる言葉を文章中から書き抜《ぬ》きなさい。（10点）

〔　　　〕

(4) 敦子が見つめたとき、フックはどうなっていたと考えられますか。最も適切なものを次から選び、記号で答えなさい。（15点）

ア　よく眠《ねむ》っていた。
イ　息をひそめていた。
ウ　隠《かく》れていた。
エ　死んでいた。

□

2 次の文章を読んで、下の問いに答えなさい。

配給がどうなってるのか、米にマッチ岩塩はもらえたが、時おり新聞でみる配給だよりの品は、＊隣組《となりぐみ》に入ってないからまるで縁《えん》がなく、清太《せいた》は夜になると、家庭菜園で足りずに農家の芋《いも》畑《ばたけ》を荒《あ》らし、砂糖きびひっこ抜《ぬ》いて、その汁《しる》を節子《せつこ》に飲ませる。

七月三十一日の夜、野荒らしのうちに警報が鳴り、かまわず芋を掘《ほ》りつづけると、すぐそばに露天《ろてん》の＊壕《ごう》があって、待避《たいひ》していた①農夫に発見され、さんざなぐりつけられ、②解除と共に横穴へひったてられて、煮物《にもの》にするつもり残しておいた芋の葉が懐《かい》中《ちゅう》電灯に照らされて、動かぬ証拠《しょうこ》、「すいません、堪忍《かんにん》して下さい」怯《おび》える節子の前で、手をついて農夫に詫《わ》びたがゆるされず、「妹、病気なんです、ぼくおらな、どないもなりません」「なにぬかす、戦時下の野荒らしは重罪やねんど」足払《あしばら》いかけて倒《たお》され、背筋つかまれて「さっさと歩かんかい、ブタ箱入りじゃ」だが交番のお巡《まわ》りはのんびりと、「今夜の空襲《くうしゅう》福井《ふくい》らしいなあ」いきり立つ農夫をなだめ、説教はしたがすぐ許して、表へ出ると③どうやってついて来たのか節子がいた。壕へもどって泣きつづける清太を、節子は背中さすりながら、「どこ痛いのん、いかんねえ、お医者さんよんで注射してもらわな」母の口調でいう。

＊隣組…戦争中に町内などでつくられた組織。
＊壕…土を深く掘った溝《みぞ》。戦争中に両親をなくした清太と節子も、このような壕（横穴）の中で、二人で暮らしていた。

（野坂昭如著「火垂るの墓」（新潮文庫刊『アメリカひじき・火垂るの墓』所収）より部分転載）

---

(1) ――線①「農夫に発見され」とありますが、①いつのことですか。また、②この「農夫」は、どこにどうしていたのですか。次の□にあてはまる言葉を文章中から書き抜《ぬ》きなさい。（各5点×4＝20点）

①［　　　　　　　　　　］

②［　　］のすぐそばにある［　　　　］に、［　　］していた。

(2) ――線②「解除と共に横穴へひったてられ」た清太《せいた》は、どうしましたか。文章中から十一字で書き抜きなさい。（10点）

［　　　　　　　　　　　］

(3) ――線③「どうやってついて来たのか節子《せつこ》がいた」とありますが、節子は清太にどのような態度をとりましたか。次の文の□にあてはまる言葉を文章中から書き抜きなさい。（各5点×2＝10点）

清太の［　　］をさすり、［　］の口調で、清太の体を心配する声をかけた。

(4) この場面に登場する人物は、全部で何人ですか。正しいものを次から選び、記号で答えなさい。（10点）

ア 四人　イ 五人　ウ 六人

［　　］

2 心情を読み取る

基本問題①

得点
／100点

学習日
／ 日

確認

★ 次の1〜3の文を読み、人物の心情についてあとの問いに答えなさい。（各10点×3＝30点）

1 ゆかりは、ひとりで留守番をするのはさびしいものだと思った。

2 徒競走でころんだことをたかしにからかわれ、ゆかりはひどく赤面した。

3 病院に向かうゆかりの上空に、黒い雲が急速に広がっていった。

(1) 1の文での、留守番をするゆかりの気持ちを四字で書き抜《ぬ》きなさい。

(2) 2の文は、ゆかりのどんな気持ちを表していますか。次から一つ選び、記号で答えなさい。

ア 腹立たしい
イ 恥《は》ずかしい
ウ 悲しい

(3) 3の文の――線部は、ゆかりのどんな気持ちを表していると考えられますか。次から選び、記号で答えなさい。

ア 落ち着こうとする気持ち。
イ 不安がつのる気持ち。

! 登場人物の気持ちを読み取るには、①気持ちが直接描《えが》かれた部分、②表情・様子・態度・行動が描かれた部分、③情景によって暗示・象徴《しょうちょう》された部分に着目することが大切です。

1 次の文章を読んで、あとの問いに答えなさい。（各15点×3＝45点）

「いいか、これは約束ごとぞ。それぞれがとったイタドリはいっぺん集めて、それを家族ごとに分けあうがぞ。ふたりきてても、もって帰るぶんは、ひとりきてるもんと同じじゃ」

「どうして？」

サチは、ちょっと面白《おもしろ》くない気持ちのままに聞いた。

（笹山久三「兄やん」・『やまびこのうた』河出書房新社より）

・――線部の兄《あい》やんの言葉に対するサチの気持ちを文章中から五字で書き抜きなさい。

2

僕《ぼく》の横で、弟はすうすう寝息《ねいき》を立てて眠《ねむ》っている。僕はさっきから目がさえて眠れない。

兄弟二人でおばあちゃんの家に泊《と》まった夜――。

鴨居《かもい》の上にかけてあるおじいちゃんの写真が僕を見つめているようで怖《こわ》かったのだ。

優《やさ》しくて大好きなおじいちゃんだったけど、写真の祖父は、僕が今日お母さんについたうそを「知っているぞ」というように、暗い部屋の中で僕をにらんでいるのだった。

・この場面での「僕《ぼく》」の気持ちを文章中から四字で書き抜《ぬ》きなさい。

□□□□

3

私と弟とが米俵のぎっしり積まれたひろい米蔵《こめぐら》に入って面白く遊んでいると、父が入口《いりぐち》に立ちはだかって、坊主《ぼうず》、出ろ、出ろ、と叱《しか》った。光を背から受けているので父の大きい姿がまっくろに見えた。私は、あの時の恐怖《きょうふ》を惟《おも》うと今でも、いやな気がする。

（太宰治『津軽』新潮文庫より）

・父に叱《しか》られた時の「私」の気持ちを表す言葉を、文章中から一語で書き抜きなさい。

〔　　　　〕

2 次の文章を読んで、あとの問いに答えなさい。

豊海《とよみ》が拾ってきたのは、水色のセキセイインコだった。

「育海《いくみ》、かごだ。かごを持ってこい。」

兄ちゃんの言い方はやっぱり命令口調だ。鳥は震《ふる》えている。首の回りの羽が抜けて、地肌《じはだ》があらわになっていた。みすぼらしいのは、雨にぬれたせいでもあった。育海はしぶしぶ物置に行った。兄ちゃんの命令は無視したいところだけど、鳥があんまり情けない姿をしているのは見ていたくなかった。物置には兄ちゃんが言ったとおり、鳥かごがあった。ほこりだらけだった。育海はおふろ場で鳥かごを洗う。洗いながら「□仕事はいつもあたし。」と一人で文句を言っていた。


（平成18年度版　光村図書2年21ページ　中沢けい「雨の日と青い鳥」）

(1) ――線部のように、育海《いくみ》が「しぶしぶ」行くのはなぜですか。□にあてはまる言葉を文章中から書き抜きなさい。（各10点×2＝20点）

〔兄ちゃんの言い方が、相変わらず□□□□なので無視したいが、□のためにはしかたないと思っているから。〕

(2) □にあてはまる言葉を次から選び、記号で答えなさい。（5点）

ア　面倒《めんどう》くさい
イ　だいじな
ウ　楽しそうな

□

2 心情を読み取る

基本問題②

得点
／100点

学習日
日

1 □にあてはまる言葉を、——線部を参考にしてあとから一つずつ選び、記号で答えなさい。（各10点×2＝20点）

1
豊海《とよみ》と育海《いくみ》は＊年子《としご》の兄と妹だ。豊海は二月生まれ、育海は九月生まれだから、年は一つしか違《ちが》わないが、学年は二つ違った。豊海はこの春、高校生になった。中学二年生になった育海は、先生たちに名前の読み方を尋《たず》ねられる最初の一週間が過ぎて、□ところだ。自分の名前は好きだけれども、クラスのみんなの前で答えるときは緊張《きんちょう》してしまう。

＊年子…一歳《さい》違いのきょうだい。

（平成18年度版　光村図書2年16・17ページ　中沢けい「雨の日と青い鳥」）

ア　がっかりした
イ　ほっとした
ウ　とまどった

2
もう逃《に》げられないと悟《さと》った高木《たかぎ》は、突然《とつぜん》大声で笑いだした。その声は無理やりしぼりだしたようにひきつっていて、いかにも□に見えた。
我々は、笑い続ける彼《かれ》をしばらく眺《なが》めているしかなかった。

ア　苦しげ
イ　楽しげ

2 □にあてはまる言葉を——線部を参考にしてあとから一つずつ選び、記号で答えなさい。（各15点×2＝30点）

1
「この短刀で何をするつもりであったか。言え！」暴君ディオニスは静かに、けれども威厳《いげん》をもって問い詰《つ》めた。その王の顔は蒼白《そうはく》で、眉間《みけん》のしわは刻《こ》み込まれたように深かった。
「町を暴君の手から救うのだ。」とメロスは、悪びれずに答えた。
「おまえがか？」王は、＊憫笑《びんしょう》した。「しかたのないやつじゃ。おまえなどには、わしの□がわからぬ。」

＊憫笑…哀《あわ》れんで笑うこと。

（平成28年度版　光村図書2年193・194ページ　太宰治「走れメロス」・『太宰治全集3』より）

ア　愉快《ゆかい》な心
イ　孤独《こどく》の心

2
「一か月ほどで歩けるようになるって、お医者さんが！」
それまで、焦点《しょうてん》の定まらない目でぼんやり遠くを見ていた加《か》奈子《なこ》の目が母親に向けられ、急に輝《かがや》いた。そして、□声で、「ほんと？」と、母親に、入院以来初めて口をきいた。

ア　うれしそうな
イ　いじわるそうな
ウ　不思議そうな

3 ――線部の様子からどんな気持ちがわかりますか。　　部分を参考にあとから一つ選び、記号で答えなさい。（各15点×2＝30点）

1

「だからさ、西洋料理店というのは、ぼくの考えるところでは、西洋料理を、来た人に食べさせるのではなくて、来た人を西洋料理にして、食べてやるうちと、こういうことなんだ。これは、その、つ、つ、つ、つまり、ぼ、ぼ、ぼくらが……。」がたがたがたがた、震《ふる》えだしてもうものが言えませんでした。

（平成28年度版　三省堂一年資料編257ページ　宮沢賢治「注文の多い料理店」・『宮沢賢治全集8』より）

ア　寒くてたえられない。
イ　空腹でしかたがない。
ウ　恐《おそ》ろしくてたまらない。

［　　］

2

「ぼうず、おなかが減ったろう。」お父さんは、＊背《はい》のうの中から、チョコレートとキャラメルを出して少年にくれます。少年が口に含《ふく》むと甘《あま》い香りが体じゅうにしみわたり、思わず大きなため息をつくと、急に辺りが明るくなり、「何してるの、そんな所で。出てらっしゃい。」入り口から、お母さんがのぞき込《こ》んで、叫《さけ》びました。

＊背のう…軍人などが物を入れて背負うカバン。

（平成14年度版　東京書籍2年66～68ページ　野坂昭如「僕の防空壕」・『戦争童話集』より）

ア　お菓子《かし》の甘《あま》さに感動する気持ち。
イ　お菓子の味に失望する気持ち。
ウ　お父さんのことを心配する気持ち。

［　　］

4 ――線部の様子からわかる少年の気持ちについて、［　］にあてはまる言葉を文章中から書き抜《ぬ》いて答えなさい。（各5点×4＝20点）

少年は、岬《みさき》の一部をちぎって投げたような、目と鼻の先にある小さな島に住んでいた。しかし、波が荒《あら》い日は渡《わた》し舟《ぶね》が通わず、少年は島から一歩も出ることができないのである。ひと家族しか住んでいない小さな島で、定期船はなく、渡し舟は少年の祖父が操舵《そうだ》する。

「先生、あの卵、明日には孵《かえ》るかもしれませんね。」

「そうだね、そろそろだから。」

学校の飼育器では、人工孵化《ふか》をしているチャボの卵が、もうすぐ孵るはずだった。祖父の舟で島へ帰るまぎわ、少年はしきりに翌日の天候を気にしていた。暮れなずむ空は、薄紫《うすむらさき》と藍《あい》に染まり、たなびく夕もやを突《つ》きぬけて火炎《かえん》の帯が一筋走っている。無線から、快晴だが強風であるとの予報が流れた。春の海風は気まぐれで、風向きは安定しない。少年の祖父も予想がつかないと苦笑いした。

（平成14年度版　教育出版2年16・17ページ　長野まゆみ「卵」・『夏帽子』より）

天候が悪いと［　　　］が出せず、島から［　　］へ行けない。それで、［　　　　　］が［　　］場面に立ちあえなくなるのではないかと心配している。

2 心情を読み取る

基本問題③

得点

／100点

学習日

／ 日

1 次の文章を読んで、あとの問いに答えなさい。（各10点×2＝20点）

友情にこたえるために走り続けたメロスは、とうとう疲《つか》れ切って動けなくなってしまった。（要約）

ああ、できることなら私の胸を断《た》ち割って、真紅《しんく》の心臓をお目にかけたい。愛と信実の血液だけで動いているこの心臓を見せてやりたい。けれども私は、この大事なときに、精も根も尽《つ》きたのだ。私は、よくよく不幸な男だ。私は、きっと笑われる。私の一家も笑われる。私は友を欺《あざむ》いた。中途《ちゅうと》で倒《たお》れるのは、初めから何もしないのと同じことだ。ああ、①もう、どうでもいい。②これが、私の定まった運命なのかもしれない。セリヌンティウスよ、許してくれ。

（平成28年度版　光村図書2年201ページ　太宰治「走れメロス」・『太宰治全集3』より）

(1) ——線①「もう、どうでもいい」からわかるメロスの気持ちとして最も適切なものを次から選び、記号で答えなさい。

ア　憂《ゆう》うつ　　イ　投げやり　　ウ　晴れやか

(2) ——線②「これが……運命なのかもしれない」に表れているメロスの気持ちとして適切なものを次から選び、記号で答えなさい。

ア　自分は悪いことはしていないので、もう走りたくない。
イ　友情にこたえるためには、やはり走り続けたい。
ウ　もう走れないことを、自分に納得《なっとく》させたい。

2 次の文章を読んで、あとの問いに答えなさい。（各10点×2＝20点）

①驚《おどろ》いたことに馬はこのサーカス一座の花形だったのだ。人間を乗せると彼《かれ》は見違《みちが》えるほど生き生きした。馬本来の勇ましい活発な動作、その上に長年鍛《きた》え抜《ぬ》いた巧《たく》みな曲芸を見せ始めた。楽隊の音につれてダンスしたり、片側の足で拍子《ひょうし》を取るように奇妙《きみょう》な歩き方をしたり、後足をそろえて台の上に立ち上がったり……。いったいこれはなんとしたことだろう。あまりのことに僕《ぼく》はしばらくあっけにとられていた。けれども、②思い違いがはっきりしてくるにつれて僕の気持ちは明るくなった。

（平成28年度版　学校図書2年41～43ページ　安岡章太郎「サーカスの馬」・『安岡章太郎全集』第四巻より）

(1) ——線①「驚《おどろ》いたことに……花形だったのだ」とありますが、「僕《ぼく》」がこの馬の曲芸を見て驚いている様子を表す一文*を文章中から探し、初めの五字を書き抜《ぬ》きなさい。

＊文…まとまった内容を表すひと区切り。終わりに「。」（句点）などがつく。

(2) ——線②「思い違《ちが》いがはっきりしてくるにつれて」、「僕」の気持ちはどうなりましたか。文章中から六字で書き抜きなさい。

3 次の文章を読んで、あとの問いに答えなさい。（各15点×2＝30点）

ふと耳に、せんせん、水の流れる音が聞こえた。そっと頭をもたげ、息をのんで耳を澄《す》ました。すぐ足元で、水が流れているらしい。よろよろ起き上がって、見ると、岩の裂《さ》け目からこんこんと、何か小さくささやきながら清水が湧《わ》き出ているのである。その泉に吸い込《こ》まれるようにメロスは身をかがめた。①水を両手ですくって、一口飲んだ。ほうと長いため息が出て、夢から覚めたような気がした。歩ける。行こう。肉体の疲労回復《ひろうかいふく》とともに、僅《わず》かながら希望が生まれた。義務遂行《ぎむすいこう》の希望である。我が身を殺して、名誉《めいよ》を守る希望である。②斜陽《しゃよう》は赤い光を木々の葉に投じ、葉も枝も燃えるばかりに輝《かがや》いている。

（平成28年度版　光村図書2年202・203ページ　太宰治「走れメロス」・『太宰治全集3』より）

(1) ――線①「水を両手ですくって、一口飲んだ」メロスは、どんな心理状態となりますか。次の文の□にあてはまる言葉を文章中から書き抜《ぬ》きなさい。

〔□□□□□〕ような状態となる。

(2) ――線②「斜陽《しゃよう》は……輝《かがや》いている」は、メロスのどんな気持ちを象徴《しょうちょう》していますか。次の文の□にあてはまる言葉を文章中から書き抜きなさい。

〔□□〕にあふれる気持ち。

4 次の文章を読んで、あとの問いに答えなさい。（各15点×2＝30点）

〔三郷心《みさとしん》は「ものづくり甲子園《こうしえん》」にむけて旋盤《せんばん》※の訓練をしている。〕

「決まったも同然よ。せっかく女子が旋盤やっとるんやから」

①「え？」

つながりがよくわからなくて、心は瞬《まばた》きをした。

「女子が旋盤やるなんて珍《めずら》しいけんね。それだけで新聞やテレビやらも来るやろう。そしたら学校のPRにもなるやんね。そういう役割も背負っとるんやから、きみにはがんばってもらわんと。自動車整備のほうも女子がおるとよかったんやけどね」

それだけ言うと宮田《みやた》先生は、ぽかんとする心の脇《わき》をすり抜けて職員室を出ていった。

②ざらざらとした気持ち悪さが広がって、心は胸を押《お》さえた。

〔　〕部分要約

＊旋盤…金属などを加工する機械。

（まはら三桃『鉄のしぶきがはねる』講談社より）

(1) ――線①「え？」には、心《しん》のどんな気持ちが表れていますか。最も適切なものを次から選び、記号で答えなさい。

ア 決まったも同然と言われたことへの意外な気持ち。
イ 前から旋盤《せんばん》が得意だったことを確認《かくにん》する気持ち。
ウ 先生から無理をさせられることへの嫌《いや》な気持ち。

□

(2) ――線②「ざらざらとした気持ち悪さ」とは、どのような気持ちですか。最も適切なものを次から選び、記号で答えなさい。

ア 周りからの期待の大きいことへの驚《おどろ》きと喜びの思い。
イ 女子の珍《めずら》しさだけで選ばれるのか、という複雑な思い。
ウ 気持ちが少しずつ変化していることへの不安な思い。

□

2 心情を読み取る

標準問題

得点　　／100点
学習日　　／　　日

1 次の文章を読んで、下の問いに答えなさい。

翌日、学校に行く途中《とちゅう》で、同じクラスの吉井《よしい》と今村《いまむら》に会った。初めはどうしようかと思ったけど、馬も飲んでしまうでっかいアナコンダや、三メートルもあるナマズの話はおもしろかったし、氷の惑星《わくせい》の話も、本当だったらきれいだろうなと思ったから、①つい吉井や今村にその話をしてしまった。二人は僕《ぼく》の話が終わると顔を見合わせて、「ありえねえ。」「証拠《しょうこ》見せろよ。」と言った。「そんなほら話、小学生でも信じないぞ。」そう言われればそうだ。だから、部活が終わって大急ぎで家に帰ると、僕は真っ先にぐうちゃんの部屋に行って、「昨日の話、本当なら証拠の写真を見せろよ。」と②無愛想に言った。ぐうちゃんは少し考えるしぐさをして、「そうだなあ。」と言って、目をパチパチさせている。

「これまで撮《と》ってきた写真をそろそろちゃんと整理して紙焼きにしないと、と思っているんだ。そうしたらいろいろ見せてあげるよ。」

むっとした。そんな言い逃《のが》れをするぐうちゃんは好きではない。なんかぐうちゃんに僕の人生が全面的にからかわれた感じだ。吉井や今村に話をした分だけ損をした。いや失敗した。僕までほら吹《ふ》きになってしまったのだ。

（平成28年度版　光村図書2年22・23ページ　椎名誠「アイスプラネット」）

(1) ――線①「つい吉井《よしい》や今村《いまむら》にその話をしてしまった」とありますが、このときの「僕《ぼく》」の気持ちとして適切なものを次から選び、記号で答えなさい。（15点）

ア　ぐうちゃんから聞いたほら話で、友達をだましたい気持ち。
イ　ぐうちゃんから聞いたおもしろい話を友達と共有したい気持ち。

□

(2) ――線②「無愛想に言った」とありますが、このときの「僕」の気持ちとして最も適切なものを次から選び、記号で答えなさい。（15点）

ア　ぐうちゃんが嘘《うそ》を言うわけがないと信じる気持ち。
イ　友達から非難されたぐうちゃんをかばう気持ち。
ウ　ぐうちゃんの話が本当なのか疑う気持ち。

□

(3) ぐうちゃんから証拠《しょうこ》の写真を見せてもらえなかったあとの「僕」の気持ちとして適切なものを次から二つ選び、記号で答えなさい。（各10点×2＝20点）

ア　信用を失った責任をぐうちゃんに取ってほしいと思う気持ち。
イ　ぐうちゃんに本当のことを言ってほしいと願う気持ち。
ウ　自分まで嘘をついたと思われ、話したことを後悔《こうかい》する気持ち。
エ　からかわれたような気分になり、ぐうちゃんに怒《いか》る気持ち。

□・□

2 次の文章を読んで、下の問いに答えなさい。

〔兄《あい》やんを先頭にして十人の子供が山にイタドリ（山菜）をとりに行く。イタドリは各自がとったものをすべて集めて山分けすることになっていた。〕

「どうした、サチ。」

兄やんの声にふり返れば、兄やんは、もう、［　　］目をしてテツオを見ていた。①テツオは、きょろきょろと周囲をうかがうと、もっていた大きなイタドリを道ばたのくさむらの中にかくした。

「ふせろ」

兄やんに言われるままに、サチは身をかがめた。②兄やんもいっしょに身をかがめて、そのまま少し動いて立ち上がった。サチも兄やんのまねをした。テツオの姿は、もう見えなかった。

「③見なかったことにしろ、サチ。」

兄やんは、悲しそうな目をして、そう言った。

「どうして？」

サチは、だんだんくやしくなってくる気持ちのままに聞いた。

（中略）

「なあ、こんなことがみんなに知れたら、テツオはのけ者にされる。もう、山にもこれなくなる。ひとりじゃ山には入れんもの……」

「だって……」

サチには、続ける言葉がなかった。

〔　〕部分要約

（笹山久三「兄やん」・『やまびこのうた』河出書房新社より）

(1) ［　　］にあてはまる言葉として最も適切なものを次から選び、記号で答えなさい。（10点）

ア うれしそうな
イ 興味深そうな
ウ 悲しそうな

(2) ――線①「テツオは……くさむらの中にかくした」とありますが、このテツオの行動に対するサチの気持ちを、文章中の一語を言い切りの形にして答えなさい。（10点）

(3) ――線②「兄《あい》やんもいっしょに身をかがめて」とありますが、兄やんがかくれたのはどんな気持ちからですか。最も適切なものを次から選び、記号で答えなさい。（10点）

ア 自分達《じぶんたち》が見ていたのをテツオに知られたくないという気持ち。
イ テツオのイタドリを横取りしようという気持ち。
ウ テツオの行動をよく観察しようという気持ち。

(4) ――線③「見なかったことにしろ」とありますが、兄やんがこのように言ったのはどんな気持ちからですか。次の文の［　］にあてはまる言葉を文章中から書き抜《ぬ》きなさい。（各10点×2＝20点）

〔テツオが［　　　］にされて、［　］にこられなくなるのがかわいそうだという気持ち。〕

3 人物像をつかむ

確認

★ 次の文章を読み、あとの□にあてはまる言葉を書き抜《ぬ》いて、人物やその性格についてまとめなさい。（各5点×6＝30点）

この海岸の町の小学校（当時は国民学校といったが）では、東京から来た子どもは、彼《かれ》とヒロ子さんの二人きりだった。二年上級の五年生で、勉強もよくでき、大柄《おおがら》なヒロ子さんは、いつも彼をかばってくれ、弱虫の彼を離《はな》れなかった。

（平成28年度版　教育出版2年87ページ　山川方夫「夏の葬列」・『山川方夫全集第四巻』より）

「彼」…小学三年生。□□な少年である。

ヒロ子さん…小学□年生。□□で、□□がよくできる。

二人の共通点…□□からこの町に来た。

二人の関係…ヒロ子さんが「彼」を□□□□いる。

！ 小説を読むときには、登場人物の容姿《ようし》や言動などからわかる性格などに着目して、人物像をつかむことが大切です。また、登場人物どうしの関係にも注意しましょう。

基本問題①

得点　／100点

学習日　／　日

1 人物について□にあてはまる言葉を書き抜きなさい。（各5点×5＝25点）

(1) 早苗《さなえ》は、この春卒業した高校の同級生多紀《たき》と上野の西洋料理店で会った。都会風のファッションに身を包んだ彼女《かのじょ》を久しぶりに見たとき、早苗は一瞬《いっしゅん》だれだか分からなかった。が、よく見ると、細長い手足と小さく丸い顔はあの頃《ころ》と変わらなかった。

多紀《たき》は、早苗《さなえ》が卒業した高校の□□□で、□□□手足と□□□□顔をしている。

(2) ゴルフクラブをそっと芝《しば》の上に置いて、風太《ふうた》は軽く柔軟体操《じゅうなんたいそう》をした。いきなりクラブを振《ふ》ると、関節や筋を痛めてしまうと雑誌で読んだことがある。

風太は小学六年生で、体はとても柔《やわ》らかかったけれど、用心するに越《こ》したことはない。

（川西蘭「オン・ザ・グリーン」・『ひかる汗』集英社文庫より）

風太《ふうた》は□□□年生。「ゴルフクラブ」という言葉から□□□をしている少年であることがわかる。

2 次の文章を読んで、あとの問いに答えなさい。（各5点×5＝25点）

［三郷心《みさとしん》は工業高校で男子に交じって旋盤《せんばん》の訓練をしている。］

持っていないというハンディと、もらうというハンディがあるけれど、もしかしたら、もらうハンディのほうが大きいんじゃないか。

本意とするところではなかったが、①それに気づいた時には、もう心は抜《ぬ》き差しならないところにきていた。旋盤に夢中になっていたのだ。硬《かた》い鋼《はがね》の形を自在に変える工作機械の魅力《みりょく》に取りつかれていた。あのあらがえないような鉄のパワーを受け止め、形に返す旋盤の魅力に。

ありがたいことに、そんな心のがんばりが自然と周りに浸透《しんとう》していったのか、部活の中では②特別な扱《あつか》いを受けると感じることもない。

（［　］部分要約）

（まはら三挑『鉄のしぶきがはねる』講談社より）

(1) ――線①「それに気づいた時」の心《しん》の様子について答えなさい。

自分が女子であるという□□□□はあるが、今やすっかり工作機械の□□に取りつかれ、もう□□ならないほどに旋盤《せんばん》に□□になっていた。

(2) ――線②「特別な扱《あつか》いを受けると感じることもない」のは、心がどんな人物だったからですか。次から選び、記号で答えなさい。

ア 他の生徒を圧倒《あっとう》するほどの技術力を持つ優秀《ゆうしゅう》な生徒。

イ 他の生徒に負けずに実習をやりぬくがんばり屋。

ウ 他の生徒が持っているハンディを乗り越《こ》えた生徒。

□

3 □にあてはまる言葉をあとから一つ選び、記号で答えなさい。（5点）

サチは、この春はいいことばかりだと思った。病気で入院していたお母さんももどってきたし、二ひき生まれた子猫《こねこ》も、サチの成績が上がったほうびにと、両方とも育ててくれることになった。そして、今日は、男の子にまざってイタドリをとりにいけることになったのだ。ほかの女の子は、足手まといだからとまぜてもらえなかった。サチは、どこか□のようなところがあって、それが認められたようだった。

（笹山久三「兄やん」・『やまびこのうた』河出書房新社より）

ア 泣き虫　イ 男まさり　ウ 強情《ごうじょう》

□

4 □にあてはまる言葉を書きなさい。合う言葉が文章中にない場合は言葉を考えて書きなさい。（各5点×3＝15点）

駅に降り立ったとき、彼女《かのじょ》は、しばらくの間きょろきょろ辺りを見回した。駅前の風景はすっかり変わっていた。路面電車はなくなり、立派なホテルが林立していた。

――あれ以来だもの……。十年もたったんだわ。彼女は、母に見送られて故郷を出た二十歳《はたち》のころを思い出していた。

「彼女《かのじょ》」は、今□歳《さい》。□年ぶりに□に帰ってきた。

③ 人物像をつかむ

基本問題②

得点　／100点

学習日　／　日

1 次の文章を読み、あとの［　］には、きょうだいの名前を、［　］にはあてはまる言葉を文章中から書き抜《ぬ》きなさい。（各5点×4＝20点）

「きちんと戸閉まりして、早く寝《ね》るのよ」

ママが言い、私はたちまち心細くなったけれど、里穂《りほ》お姉ちゃんは長女らしいおちつきをもってうなずいた。賢《かしこ》そうな広い額《ひたい》、余裕《よゆう》のある口元。私も九歳《さい》になれば、あんな風に大人《おとな》っぽく振《ふ》る舞《ま》えるだろうか。

「宿題もちゃんとやるのよ」

ママの言葉に、豊《ゆたか》お兄ちゃんは愛想《あいそ》よくこたえる。（中略）

「いい子にしてるんだぞ」

パパは言い、大きな手で久《ひさし》お兄ちゃんの頭をぽんとたたいてから、私を抱《だ》きあげた。細い指で横から私のほっぺたをつつき、最後にママが言う。

「詩穂《しほ》ちゃんを泣かせちゃだめよ」

ママの指はつめたくて、香水《こうすい》の匂《にお》い。エヘヘ。いつだって私は特別扱《あつか》いだ。まだたったの四歳だし、何といっても末っ子なのだ。たとえ久お兄ちゃんの方がずっと泣き虫だとしても。


（江國香織「子供たちの晩餐」・『つめたいよるに』新潮文庫より）

長女［　　］、［　　］・［　　］、「私」（詩穂《しほ》）は、四人きょうだいの［　　］。

2 次の文章を読み、登場人物についてあとの［　］にあてはまる言葉を文章中から書き抜きなさい。（各10点×3＝30点）

中学に入学して一ヵ月。女子校って女の子ばかりだ、洋子《ようこ》はあたりまえのことを思ってもう一度ためいきをついた。せめて人見知りがなおってくれたら――。校庭から、バレー部員の練習する声がきこえる。
そういえば、涼《りょう》ちゃんは念願の野球部に入れたんだろうか。洋子はとうとつに、小学校時代にあこがれていた男の子のことを思った。卒業文集に、
中学にいったら野球部に入って、ピッチャーで、四番を打ちたいです。
と書いた、小柄《こがら》な少年だった。あまり話もできなかったけれど、洋子はずっとあこがれていた。

（江國香織「夏の少し前」・『つめたいよるに』新潮文庫より）

洋子《ようこ》は、［　　］をする性格の女の子で、［　　］に入ったばかり。小学校時代に、涼《りょう》ちゃんに［　　］。

3 次の文章を読んで、あとの問いに答えなさい。（各10点×2＝20点）

「ありがとう、とっちゃん。」

テツオが兄《あい》やんに近より、礼を言った。

「ありがとうは、おれの言う言葉じゃ。今日はえらかったぞ。」

そう言って、兄やんはテツオの頭をグリグリとなでまわした。

テツオの目に、サチにしか分からないような涙《なみだ》がにじんでいた。

サチは、やっぱり兄やんは親分だと思った。テツオのこともサチのこともケンチンのことも、そしてみんなのことも、いつも大事に考えているのだと思った。


（中略）

陽《ひ》は遠い山のいただきに赤く残っているだけだった。それでも空は昼間のように青く、谷の瀬《せ》は、空に残った陽のなごりを映しておどっている。葉陰《はかげ》にやどった夜が木陰に広がり、森にもやどった。サチは、今日のできごとを思いだしながら、みんなのうしろを歩いた。サチのうしろから、みんなを見守るようにして兄やんが歩いてくる。

（笹山久三「兄やん」・『やまびこのうた』河出書房新社より）

(1) ――線部とありますが、サチは兄《あい》やんのどんなところを「親分だ」と思っているのですか。次の□にあてはまる言葉を書き抜《ぬ》きなさい。

みんなのことを［　　　　　　］考えている点。

(2) 兄やんの親分らしさが表れている行動を、（中略）よりあとの部分から一文＊で探し、その初めの五字を書き抜きなさい。

［　　　　　］

＊文…まとまった内容を表すひと区切り。終わりに「。」（句点）などがつく。

4 次の文章を読み、あとの文の①にはあてはまる会話文を書き抜き（句読点も含《ふく》む）、②に入る言葉は八字以内で考えて書きなさい。（各15点×2＝30点）

［飼い犬のフックが死んで、土に埋《う》めた晩のことである。（要約）］

掘《ほ》り返した土のにおいが、雨によって、いっそう濃《こ》くなっていた。

「この家にフックが来た時は、お父さんのてのひらに載《の》るほどやったねェ。」

と敦子《あつこ》は、盛り上がっている土に雨がしみ込《こ》んでいくのを見つめて言った。

「空を飛べるのと違《ちが》うかと思うくらい、耳ばっかり大きかったな。」

晋太郎《しんたろう》はそう言って、恭太《きょうた》に、もう寝《ね》るように促《うなが》し、居間に戻《もど》ると、ビールを飲み始めた。福造《ふくぞう》は、手を洗い、そのまま自分の部屋へ消えた。

「おれは、もう生涯《しょうがい》、犬を飼うのはやめるぞ。」

と晋太郎は言った。敦子は、次第《しだい》に強くなる雨の音を聞いていた。

（平成14年度版 学校図書2年135ページ 宮本輝「フックの死――彗星物語」・『彗星物語』より）

「①」という晋太郎《しんたろう》の言葉から、晋太郎にとってフックは、②存在だったことがわかる。

① ［　　　　　　　　］

② ［　　　　　　　　］

3 人物像をつかむ

基本問題③

得点
／100点

学習日
／ 日

1 次の文章を読んで、あとの問いに答えなさい。（各10点×3＝30点）

①

死んだ父は筆まめな人であった。私が女学校一年で初めて親もとを離《はな》れた時も、三日にあげず手紙をよこした。

（平成28年度版　光村図書2年32ページ　向田邦子「字のない葉書」・『眠る盃』より）

・父はどんな人物（性格）でしたか。三字で書き抜《ぬ》きなさい。

②

暴君ではあったが、反面照れ性《しょう》でもあった父は、他人行儀《ぎょうぎ》という形でしか十三歳《さい》の娘《むすめ》に手紙が書けなかったのであろう。もしかしたら、日頃《ひごろ》気恥《は》ずかしくて演じられない父親を、手紙の中でやってみたのかもしれない。

（平成28年度版　光村図書2年33ページ　向田邦子「字のない葉書」・『眠る盃』より）

・父はどんな人物（性格）でしたか。二字と三字で書き抜きなさい。

2 次の文章を読んで、あとの問いに答えなさい。（各10点×2＝20点）

メロスは単純な男であった。買い物を背負ったままで、のそのそ王城に入っていった。たちまち彼《かれ》は、巡邏《じゅんら》の警吏《けいり》に捕縛《ほばく》された。調べられて、メロスの懐中《かいちゅう》からは短剣《たんけん》が出てきたので、騒《さわ》ぎが大きくなってしまった。メロスは王の前に引き出された。

「この短刀で何をするつもりであったか。言え！」暴君ディオニスは静かに、けれども威厳《いげん》をもって問い詰《つ》めた。その王の顔は蒼白《そうはく》で、眉間《みけん》のしわは刻み込《こ》まれたように深かった。

「町を暴君の手から救うのだ。」とメロスは、悪びれずに答えた。

（平成28年度版　光村図書2年193・194ページ　太宰治「走れメロス」・『太宰治全集3』より）

(1) メロスの性格を表す二字の言葉を文章中から書き抜きなさい。

(2) ――線「『町を……。』とメロスは、悪びれずに答えた」からわかるメロスの性格を、次から一つ選び、記号で答えなさい。

ア 気むずかしい
イ がまん強い
ウ 正義感が強い

3 次の文章を読み、二人の紳士《しんし》の性格として最も適切なものをあとから選び、記号で答えなさい。（20点）

「ぜんたい、ここらの山はけしからんね。鳥も獣《けもの》も一匹《ぴき》もいやがらん。なんでもかまわないから、早くタンタアーンと、やってみたいもんだなあ。」

「鹿《しか》の黄色な横っ腹なんぞに、二、三発お見舞《みま》い申したら、ずいぶん痛快だろうねえ。くるくる回って、それからどたっと倒《たお》れるだろうねえ。」

それはだいぶの山奥《やまおく》でした。案内してきた専門の鉄砲《てっぽう》打ちも、ちょっとまごついて、どこかへ行ってしまったくらいの山奥でした。

それに、あんまり山がものすごいので、その白熊《しろくま》のような犬が、二匹一緒《いっしょ》にめまいを起こして、しばらくうなって、それから泡《あわ》を吐《は》いて死んでしまいました。

「実にぼくは、＊二千四百円の損害だ。」と、一人の紳士《しんし》が、その犬のまぶたを、ちょっと返してみて言いました。

「ぼくは二千八百円の損害だ。」と、もう一人が、悔《くや》しそうに、頭を曲げて言いました。

＊二千四百円…現在の約三百六十万円に相当する。

（平成28年度版　三省堂1年資料編65ページ　宮沢賢治「注文の多い料理店」・『宮沢賢治全集8』より）

ア ものごとを深く考えるので、いつも冷静である。

イ 計算高く、生き物の命を何とも思わない。

ウ いたずら好きで、子供のように純粋《じゅんすい》である。

□

4 次の文章を読み、兄の豊海《とよみ》の性格について、あとの文の□にあてはまる言葉を文章中から書き抜《ぬ》きなさい。（各10点×3＝30点）

今朝、豊海は妹に、学校が終わったら栄光堂《えいこうどう》書店に行って模《も》擬《ぎ》テストの申し込《こ》みをしてきてくれと頼《たの》んだ。兄ちゃんは頼んだと言うけれども、あれは頼むというより命令だと、育海《いくみ》はおもしろくない。育海の模擬テストの申し込みもあったから、ついでに手続きをするのはなんでもない。でも、兄ちゃんの言い方が横暴だった。だから即座《そくざ》に言ってやった。

「いやだ。自分で行けばいいでしょ。」

兄ちゃんは、

「おれ、部活があるもん。」

なんて言い訳をした。新入生に部活動なんてあるわけがない。

「よく、そんなぴかぴかの制服着てるくせに、すぐばれるうそが言えるじゃん。」

豊海は妹に言い返す言葉がない。

（平成18年度版　光村図書2年17ページ　中沢けい「雨の日と青い鳥」）

兄の豊海《とよみ》は妹に対して□□で、いばっている。そのうえ、□□□をしたり、軽い□□をついてごまかしたりする。

3 人物像をつかむ

標準問題

得点　／100点
学習日　／　日

1 次の文章を読んで、下の問いに答えなさい。

①僕《ぼく》のおじさんは「ぐうちゃん」という。津田由起夫《つだゆきお》三十八歳《さい》。いそうろう。

僕の母親の弟だ。いつも母に怒《おこ》られている。学生の頃《ころ》に外国のいろんな所を旅していたらしく、気づいたときには僕の家に住み着いていた。そして、長いこと「ぐうたら」しているから、いつのまにか「ぐうちゃん」というあだ名になってしまった。

でも、ぐうちゃんは変わった人で、そう言われるとなんだかうれしそうだ。それを見て僕の母はまた怒る。怒るけど「これ、ぐうちゃんの好物。」なんて言いながら、ご飯の支度《したく》をしている②から母もちょっと変わっている。

僕の家は東京の西の郊外《こうがい》にあって、父の祖父が建てた。古い家だけれど、ぐうちゃんが「いそうろう」できる六畳間《ろくじょうま》があって、そこでぐうちゃんは「ぐうたら」している。父は単身赴任《ふにん》で仙台《せんだい》にいて、週末に帰ってくる。ぐうちゃんがいると何かカ仕事が必要になったときに安心だから、と言って、③父はぐうちゃんのいそうろうを歓迎《かんげい》しているみたいだ。

ぐうちゃんは、家にいるときはたいてい本を読んでいるか、唯一《ゆいいつ》のタカラモノであるカメラの掃除《そうじ》、点検などをしている。

（平成28年度版　光村図書2年18ページ　椎名誠「アイスプラネット」）

(1) ——線①「僕《ぼく》のおじさん」はどんな人物ですか。次の文の［　］にあてはまる言葉を文章中から書き抜《ぬ》きなさい。（各10点×2＝20点）

僕の［　　　　］で、僕の家に住み着いて、「［　　　　］」している。

(2) ——線②「母もちょっと変わっている」とありますが、僕がそのように考える理由が書かれている部分を三十九字（読点や符号《ふごう》も一字に数える）で探し、その初めと終わりの五字を書き抜きなさい。（完答10点）

［　　　　　］～［　　　　　］

(3) ——線③「父はぐうちゃんのいそうろうを歓迎《かんげい》している」とありますが、なぜですか。文章中から書き抜きなさい。（10点）

週末以外家にいない自分の代わりに、［　　　］ができるぐうちゃんがいてくれると、安心だから。

(4) ぐうちゃんの性格として適切なものを次から選び、記号で答えなさい。（10点）

ア　自由気ままな生活を送るのん気な性格。
イ　物事を前向きにとらえる社交的な性格。

［　　］

2 次の文章を読んで、下の問いに答えなさい。

〔智《さとし》の父親であり、野球チームの監督《かんとく》でもある徹夫《てつお》（「俺《おれ》」）は、小学校最後の試合で、智をベンチ入りからも外した。智は下級生といっしょにベンチの横に並び、グラウンドの選手たちに声援《せいえん》を送っていた。〕

最後の試合に、出場どころかベンチ入りすらできなかったのに、智の様子はふだんと変わらない。どこか気まずそうな六年生の仲間に「頑張《がんば》れよ。」と声を掛《か》け、自分と入れ替《か》わって五年生でただ一人ベンチ入りした長尾《ながお》君にも笑顔《えがお》で接する。

俺《おれ》なら、そんなことはできなかった。高校時代を振《ふ》り返って、徹夫は思う。負けず嫌《ぎら》いの性格だった。野球だけでなく、勉強でも他のスポーツでも、負けたくないから必死に頑張ってきた。それが報《むく》われたこともあったし、報われなかったことも、もちろん、ある。

頑張ればいいことが――「ある。」とはやはり言えなくとも、「あるかもしれない。」くらいなら＊典子《のりこ》に言ってやれるかもしれない。「いいことがあるかもしれないから、頑張る。」と言葉を並べ替えてもいい。

だからこそ、本音をいえば、徹夫にはよく分からないのだ。

「いいことがないのに、頑張る」智の気持ちが。

監督としても、親としても、それは決して口にはできないことなのだが。

＊典子…智の中学二年生の姉。　〔　〕部分要約

（平成28年度版　東京書籍2年43ページ　重松清「卒業ホームラン」・『日曜日の夕刊』より）

(1) 智《さとし》はどんな人物だと考えられますか。最も適切なものを次から選び、記号で答えなさい。（10点）

ア 自分が犠牲《ぎせい》になってでも下級生に出場を譲《ゆず》る、優《やさ》しい人物。

イ 下級生より下手でも気にしない、闘争心《とうそうしん》のない人物。

ウ 自分が試合に出られないことも受け入れられる、素《す》直《なお》な人物。

□

(2) 徹夫《てつお》はどんな性格ですか。文章中から五字で書き抜《ぬ》きなさい。（10点）

□□□□□

(3) ――線「いいことがあるかもしれないから、頑張《がんば》る」とありますが、徹夫がこのように考えるのはなぜですか。次の文の□にあてはまる言葉を文章中から書き抜きなさい。（各10点×2＝20点）

〔自分の□□□□の経験から、□□□ことが結果につながることもあれば、つながらないこともあると分かっているから。〕

(4) 智と徹夫の関係として最も適切なものを次から選び、記号で答えなさい。（10点）

ア 智は徹夫を心の底から慕《した》っている。

イ 徹夫は智の気持ちが理解できないでいる。

ウ 智と徹夫は何でも話し合える仲である。

□

4 表現に注意する

基本問題①

得点　　／100点

学習日　　／　　日

確認

★ 次の1～3の文を読み、□にあてはまる言葉を書き抜いて、表現についてまとめなさい。（各5点×4＝20点）

1 猫《ねこ》の目は、闇《やみ》の中で宝石のように輝《かがや》いた。
2 夏空に白い羊が浮《う》かんでいる。
3 花びんの花が首をかしげている。

直喩法《ちょくゆほう》（明喩法《めいゆほう》）（「～のように」などを使ってたとえる。）

1の文では□を□にたとえている。

隠喩法《いんゆほう》（暗喩法《あんゆほう》）（「～のように」などを使わないでたとえる。）

2の文では雲を□にたとえている。

擬人法《ぎじんほう》（人でないものを人のように表現する。）

3の文では□を人にたとえて表現している。

！ 小説を読むときには、いろいろな表現の工夫に注目し、その効果やおもしろさを味わいながら読みましょう。

1 次の文章を読み、その表現についてあとの文の□にあてはまる言葉を文章中から書き抜きなさい。（各5点×3＝15点）

十日もたって、やっと泉《いずみ》君から返事が来た。白い封筒《ふうとう》の中に便《びん》せんが一枚。「考えてみたけど、僕《ぼく》には今、君とそんな所に行く気持ちも余裕《よゆう》もありません。」たったそれだけ、まるでワープロの文字のように、整った文字が並んでいた。

泉《いずみ》君から来た□の□文字を、□にたとえている。
（「～のように」を使った直喩法《ちょくゆほう》）

2 ――線部は、どんな様子を表していますか。最も適切なものをあとから一つ選び、記号で答えなさい。（5点）

なだらかな小丘《しょうきゅう》の裾《すそ》、ひょろ長い一本の松に見覚えのある丘《おか》の裾を回りかけて、突然《とつぜん》、彼《かれ》は化石したように足を止めた。

（平成28年度版　教育出版2年87ページ　山川方夫「夏の葬列」・『山川方夫全集第四巻』より）

ア 下を向いて立ち止まる様子。
イ ゆっくりと立ち止まる様子。
ウ 硬直《こうちょく》して立ち止まる様子。

□

3 次の文章を読み、その表現についてあとの文の□にあてはまる言葉を文章中から書き抜《ぬ》きなさい。（各15点×2＝30点）

1

（略）メロスは足元に視線を落とし、瞬時《しゅんじ》ためらい、「ただ、私に情けをかけたいつもりなら、処刑《しょけい》までに三日間の日限を与《あた》えてください。たった一人の妹に、亭主《ていしゅ》を持たせてやりたいのです。三日のうちに、私は村で結婚式《けっこんしき》を挙げさせ、必ず、ここへ帰ってきます。」

「ばかな。」と暴君は、しゃがれた声で低く笑った。「とんでもないうそを言うわい。逃《に》がした小鳥が帰ってくると言うのか。」

（平成28年度版　光村図書2年195ページ　太宰治「走れメロス」・『太宰治全集3』より）

王は、メロスを［　　　　　　］にたとえて、メロスの言葉が信用できないことを表している。

（「〜のように」などを使わない隠喩《いんゆ》法《ほう》）

2

＊スペクトルが降り注ぎ、草むらはあらゆる色に輝《かがや》いていた。目をつぶれば、その鮮《あざ》やかさは雅之《まさゆき》君の内側でまだ失われず息づいている。

＊スペクトル…波長順に並んだ帯状の光の像。ここでは夕日の光のこと。

（明川哲也「台風のあとで」・『大幸運食堂』ＰＨＰ研究所より）

美しい光景が雅之《まさゆき》君の脳裏《のうり》に焼き付いていることを、その鮮《あざ》やかさが［　　　　　　］と、擬人法《ぎじんほう》を使って表現している。

---

4 次の文章を読んで、あとの問いに答えなさい。（各15点×2＝30点）

にぎやかな商店街のいちばん外れに、その店はありました。色とりどりの水着や海水パンツが並んでいて、赤と黄色の浮《う》き輪が楽しげにつるしてあります。目が覚めるほど鮮やかな青と白のビーチパラソルが、店の前に広げられて、ぱたぱたと歌っていました。

お母さんは、男の子にぴったりの海水パンツを選び出し、男の子は黄色の浮き輪を選びました。日焼け止めクリームと、新しい麦わら帽子《ぼうし》も買うことにしました。思いがけないほど、安かったからです。（中略）

「お天気のことや海のことが、よくお分かりになるのね。」

お母さんが言うと、焼き立てのクッキーのように日焼けした体に、オレンジ色のムームーを着ている娘《むすめ》は答えました。

「ええ、海は友達ですもの。何でも分かりますわ。」

（平成28年度版　学校図書2年149・150ページ　立原えりか「海のハンカチ」）

(1) 娘の日焼けした体の様子は何にたとえられていますか。文章中から九字で書き抜きなさい。

［　　　　　　　　　］

(2) 店の様子を、擬人法と擬音語を使って表現した一文＊を探し、その初めの五字を書き抜きなさい。

［　　　　　］

＊文…まとまった内容を表すひと区切り。終わりに「。」（句点）などがつく。

4 表現に注意する

基本問題②

得点
／100点

学習日
／　日

1 次の文章を読み、――線部に使われている表現技法をあとから一つ選んで、記号で答えなさい。（10点）

春樹《はるき》は一夜明けた冬の庭にたたずみ、目の前に広がる銀世界を見て思った。――なんとまぶしい光景だろう。昨日までは、雪などまったくなかったというのに。

ア　倒置法《とうちほう》（言葉の順序を普通《ふつう》と反対に置きかえる。）
イ　体言止《たいげんど》め（文の終わりを体言で止める。）
ウ　反復法《はんぷくほう》（同じ言葉を繰《く》り返す。繰り返し法。）

□

2 次の文章を読み、倒置法が用いられた一文を探して、その初めの五字を書き抜《ぬ》きなさい。（15点）

父は涙《なみだ》ぐみながら針金からタオルをはずし、少年に「せっかくじゃけん、おまえも頭に巻いてみいや。」と言った。シライさんも「そうだな、写真撮《と》ってやるよ。」とカメラをかまえた。少年はタオルをねじって細くした――いつも祖父がそうしていたように。

額にきつく巻き付けた。


（平成28年度版　教育出版2年30ページ　重松清「タオル」・『はじめての文学　重松清』より）

□□□□□

3 次の文章を読み、その表現についてあとの□にあてはまる言葉を書きなさい。（各10点×2＝20点）

行列は、ひどくのろのろとしていた。先頭の人は、大昔の人のような白い着物に黒っぽい長い帽子《ぼうし》をかぶり、顔の前で何かを振《ふ》りながら歩いている。続いて、竹筒《たけづつ》のようなものを持った若い男。そして、四角く細長い箱を担《かつ》いだ四人の男たちと、その横をうつむいたまま歩いてくる黒い和服の女。……

「お葬式《そうしき》だわ。」

と、ヒロ子さんが言った。

（平成28年度版　教育出版2年87・88ページ　山川方夫「夏の葬列」・『山川方夫全集第四巻』より）

――線の各文の文末の言葉は、すべて□（名詞）である。このような表現技法を□という。これによって、印象が強まり、リズム感のある文章となっている。

4 次の文章を読み、□にあてはまる言葉を文章中から三字で書き抜《ぬ》きなさい。（15点）

〔「子供たち」は、禁止されているカップラーメンなどを食べるため、ママの留守に料理を庭にうめることを計画した。（要約）〕

ぱっくりと口をあけた土のバケツに、一人一人パンを投げ捨てた。鮮《あざ》やかな緑色の冷えたサラダを捨て、チキンソテーを捨て、つけあわせのにんじんとほうれん草も捨てた。その上からレモンジュースをどぼどぼ撒《ま》くと、□はお腹《なか》一杯の、幸福な胃袋《いぶくろ》みたいに見えた。

（江國香織「子供たちの晩餐」・『つめたいよるに』新潮文庫より）

□□□

5 次の文章中の二つの――線部「大きく白い物」「柔《やわ》らかい重い物」は同じものを指します。それは何ですか。（15点）

〔戦争中、敵の戦闘機《せんとうき》から銃撃《じゅうげき》を受ける場面である。（要約）〕

突然《とつぜん》、視野に大きく白い物が入ってきて、柔《やわ》らかい重い物が彼《かれ》を押《お》さえつけた。

「さ、早く逃《に》げるの。一緒《いっしょ》に、さ、早く。だいじょぶ？」

目をつり上げ、別人のような真っ青なヒロ子さんが、熱い呼吸《いき》で言った。彼は、口がきけなかった。全身が硬直《こうちょく》して、目にはヒロ子さんの服の白さだけが鮮やかに映っていた。

（平成28年度版　教育出版2年89・90ページ　山川方夫「夏の葬列」・『山川方夫全集第四巻』より）

〔　　　〕

6 次の文章を読み、□にあてはまる擬音語《ぎおんご》や擬態語《ぎたいご》をあとから一つずつ選び、記号で答えなさい。（各5点×5＝25点）

1 〔お父さんが、防空壕《ぼうくうごう》を作るための穴を掘《ほ》っている。（要約）〕

①と、スコップの土をかむ音が響《ひび》き、ときに小石に当たったのでしょう、②と鋭《するど》い音が聞こえます。

（平成14年度版　東京書籍2年59ページ　野坂昭如「僕の防空壕」・『戦争童話集』より）

ア　シャツ、シャツ　　イ　ペタ、ペタ
ウ　ドシン　　エ　カチン

※「擬音語」（音や声を表した言葉）という。

① □　② □

2 馬は、ビロードに金モールの縫《ぬ》い取りのある服を着た男にくつわを引かれながら、申しわけなさそうに下を向いて、あの曲がった背骨を①揺《ゆ》すぶりながらやって来る。くらも着けずに、今にも針金細工の籠《かご》のような胸とお尻《しり》とが、②に離《はな》れてしまいそうな歩き方だ。しかし、どうしたことか彼が場内をひと回りするうちに、急に楽隊の音が大きく鳴りだした。と、見ているうちに馬は③と走りだした。

（平成28年度版　学校図書2年41ページ　安岡章太郎「サーカスの馬」・『安岡章太郎全集』第四巻より）

ア　がくがく　　イ　とことこ
ウ　ちょろちょろ　　エ　ばらばら

※「擬態語」（様子などをそれらしく表した言葉）という。

① □　② □　③ □

4　表現に注意する

標準問題

得点　／100点

学習日　／　日

1　次の文章を読んで、下の問いに答えなさい。

岬《みさき》の春は、ぼんやりと霞《かす》む雲と、まだひやりと冷たい海風のかけひきで始まる。どこからか運ばれてきた桜の花びらが、ひとかたまりにういて波間をただよう。その花片《かへん》を散らして魚群の背びれがよぎり、海面でピシリ、と跳《は》ねる。銀鱗《ぎんりん》は、降り注ぐ日ざしに照り映《は》えた。冬の薄日《うすび》に慣れた目には、乱反射するさざなみはことのほかまぶしい。波頭は凍《こお》りつく冬の□こそないが、そのぶん光は四方へ淡《あわ》く分散する。

　架橋《かきょう》には、ちょうどまん中に操作室があって、大型の船が入り江に入るときに水平可動する仕組みになっていた。その操作室の屋根に風見と風力計が取り付けてある。①羽根車が勢いよく回転する日は、白ウサギの跳躍《ちょうやく》に似《に》た②波が海面を走る。すると、紺野《こんの》先生の受け持つ生徒の一人が、必ず学校を休んだ。

（平成14年度版　教育出版２年16ページ　長野まゆみ「卵」・『夏帽子』より）

(1) 暖かさと寒さが交互《こうご》におとずれるような春の気候をどのように表現していますか。次の□にあてはまる言葉を文章中から書き抜《ぬ》きなさい。（完答10点）

〔□と□□の□□□□〕

(2) □にあてはまる言葉として適切なものを次から選び、記号で答えなさい。（10点）

ア　鈍角《どんかく》
イ　鋭角《えいかく》

□

(3) ——線①「羽根車が勢いよく回転する日」とはどんな日ですか。（10点）

〔□の強い日〕

(4) ——線②「波が海面を走る」に使われている表現技法を、次から一つ選び、記号で答えなさい。（10点）

ア　直喩法《ちょくゆほう》
イ　倒置法《とうちほう》
ウ　擬人法《ぎじんほう》

□

(5) 激しい風に白く泡立《あわだ》つ波をたとえた表現を、文章中から七字で書き抜きなさい。（10点）

□□□□□□□

2 次の文章を読んで、下の問いに答えなさい。

「呼ぼうか、呼ぼう。おい、お客さんがた、早くいらっしゃい。いらっしゃい。いらっしゃい。お皿も洗ってありますし、菜っ葉ももうよく塩でもんでおきました。あとはあなたがたと菜っ葉をうまく取り合わせて、真っ白なお皿に載《の》せるだけです。早くいらっしゃい。」

「へい、いらっしゃい、いらっしゃい。それともサラド＊はお嫌《きら》いですか。そんならこれから火を起こしてフライにしてあげましょうか。とにかく早くいらっしゃい。」

二人はあんまり心を痛めたために、顔がまるでくしゃくしゃの紙くずのようになり、お互《たが》いにその顔を見合わせ、□、声もなく泣きました。

中ではふっふっと笑ってまた叫《さけ》んでいます。

「いらっしゃい、いらっしゃい。そんなに泣いてはせっかくのクリームが流れるじゃありませんか。へい、ただいま。じき持ってまいります。さあ、早くいらっしゃい。」

「早くいらっしゃい。親方がもうナフキンをかけて、ナイフを持って、舌なめずりして、お客様がたを待っていられます。」

二人は泣いて泣いて泣いて泣いて泣きました。

そのとき後ろからいきなり、

「わん、わん、ぐわあ。」という声がして、あの白熊《しろくま》のような犬が二匹《にひき》、戸を突《つ》き破《やぶ》って部屋の中に飛び込《こ》んできました。

＊サラド…サラダ。

（平成28年度版　三省堂1年資料編258ページ　宮沢賢治「注文の多い料理店」・『宮沢賢治全集8』より）

(1) 心を痛めた二人のお客の顔は、何にたとえられていますか。文章中から十字以内で書き抜きなさい。 (10点)

(2) □にあてはまる言葉として最も適切なものを次から選び、記号で答えなさい。 (10点)

ア　にやにや笑い
イ　ぶつぶつ言い
ウ　ぶるぶる震《ふる》え

(3) ――線「わん、わん、ぐわあ」について、次の各問いに答えなさい。

① 何の鳴き声ですか。あてはまる言葉を文章中から書き抜きなさい。 (完答5点)

（　　　の　　）

② ①の動物は何にたとえられていますか。二字で書き抜きなさい。 (5点)

③ ――線部以外の擬音語《ぎおんご》を文章中から四字で書き抜きなさい。 (5点)

(4) この文章の表現の特徴《とくちょう》として正しいものを次から選び、記号で答えなさい。 (15点)

ア　倒置法《とうちほう》が多く用いられている。
イ　繰《く》り返しの言葉が多く用いられている。

5 主題をとらえる

基本問題①

得点
／100点
学習日
／ 日

確認

★ 次の文章で読み取れる内容として最も適切なものを――線部を参考にあとから一つ選び、記号で答えなさい。（20点）

〔みんなでとったイタドリをじゃんけんで山分けにした後、兄《あい》やん（サチの兄）は、テツオやシュンちゃんに、交換《こうかん》を申し出た。〕

「テツオ、これととりかえっこしよう」

山分けが終わったとき、兄やんがテツオに近よっていって、束の中からあの大きなイタドリを抜《ぬ》き取って差しだした。テツオがためらいながら首をふって拒《こば》むと、兄やんは、大きなイタドリをテツオに押《お》しつけ、テツオの束の中から、さほど大きくないイタドリを抜き取った。

「シュンちゃん、悪いけど、このイタドリと、そのちっこいやつととりかえっこしてくれないか。サチが初めてとったやつなんだ、それ」

〔 〕部分要約
（笹山久三「兄やん」・『やまびこのうた』河出書房新社より）

ア 年下の子供たちのとったイタドリをも自分のものにしたがるわがままな兄《あい》やんの姿。

イ テツオや妹の気持ちを思いやり、イタドリを交換《こうかん》しようとする兄やんの誠実な姿。

□

！ 主題は、作品が訴《うった》えかけている最も中心的な内容のこと。繰《く》り返される言葉などに注目して主題を読み取りましょう。

1 次の文章で描《えが》かれているのはどのようなことですか。あとから一つ選び、記号で答えなさい。（各25点×2＝50点）

① 〔豊海《とよみ》と育海《いくみ》は一歳違《さいちが》いの兄と妹。ある日、豊海から「鳥を拾った」という電話が育海にかかった。〕

兄ちゃんはずるい。保育園のころは兄ちゃんだけ年が一つ多いのも、ずるいと思っていた。誕生日が来て、もう少しで兄ちゃんと同じ年になれると楽しみにしていると、兄ちゃんも一つ年が増えて、また差が開くのが納得《なっとく》できなかった。さすがに、もう、どうして兄ちゃんは同じ年になるまで待ってくれないのだろうとは思わなくなったが、今は、兄ちゃんの横暴に腹が立つ。横暴で、乱暴で、そのうえ面倒《めんどう》くさがり屋だ。

それにしても、兄ちゃんは、いったい、どんな鳥を拾ったのだろう。新しい制服のネクタイをよれよれにした兄ちゃんが、とさかの立派なおんどりを小わきに抱《かか》えて、玄関《げんかん》に立っている姿が浮《う》かんで、思わず笑いだしたくなる。

〔 〕部分要約
（平成18年度版 光村図書2年19・20ページ 中沢けい「雨の日と青い鳥」）

ア 兄に腹を立てながらも、憎《にく》めない思いでいる妹。

イ 幼いころから憎み合い、けんかばかりしていた兄と妹。

ウ わがままで常に妹と張り合っている兄の姿。

□

2

〔汽車に乗り合わせた娘《むすめ》は、窓を開けて外を見ている。やがて「私」は、踏切《ふみきり》に子供たちが立っているのを目にする。〕

するとその瞬間である。窓から半身を乗り出していた例の娘が、あの霜焼《しもや》けの手をつとのばして、勢いよく左右に振《ふ》ったと思うと、たちまち心を躍《おど》らすばかり暖かな日の色に染まっている蜜柑《みかん》がおよそ五つ六つ、汽車を見送った子供たちの上へばらばらと空から降ってきた。私は思わず息をのんだ。そうして*刹那《せつな》に一切《いっさい》を了解《りょうかい》した。小娘は、恐《おそ》らくはこれから奉公《ほうこう》先へ赴《おもむ》こうとしている小娘は、その懐《ふところ》に蔵《ぞう》していた*幾顆《いくか》の蜜柑を窓から投げて、わざわざ踏切まで見送りに来た弟たちの労に報《むく》いたのである。

暮色《ぼしょく》を帯びた町はずれの踏切と、小鳥のように声をあげた三人の子供たちと、そうしてその上に乱落《らんらく》する鮮《あざ》やかな蜜柑の色と――すべては汽車の窓の外に、瞬《また》く暇《ひま》もなく通り過ぎた。が、私の心の上には、切ないほどはっきりと、この光景が焼きつけられた。そうしてそこから、あるえたいの知れない朗《ほが》らかな心持ちがわき上がってくるのを意識した。

〔 〕部分要約

＊刹那に…すぐに。　＊幾顆の…幾つぶかの。

芥川龍之介「蜜柑」・『現代日本文学大系43』より
（平成15年度版　筑摩書房「新編国語Ⅰ」127・128ページ）

ア 汽車の窓から蜜柑《みかん》を投げるという非常識な行為《こうい》をする若者に対する驚《おどろ》きと、大人としてそれをたしなめようとする姿。

イ 思いがけない行為で弟たちに報《むく》いようとした娘《むすめ》の気持ちや、それを象徴《しょうちょう》するような蜜柑の美しさに対する賞賛。

ウ 別れの汽車の中でさえ貧しい弟たちのことを考えざるをえない娘への同情や、貧困に対する怒《いか》り。

□

2 次の文章を読んで、あとの問いに答えなさい。（各15点×2＝30点）

目を開くと、拍手《はくしゅ》が起こった。とっても長い、優《やさ》しい拍手だった。

「婦長、マリコさん、これ涙《なみだ》じゃないかしら。」

一人の看護婦さんが、声を上げた。婦長さんが駆《か》け寄って、マリコさんの目頭《めがしら》を人差し指でなぞってから、彼女《かのじょ》の小さな頭を抱《だ》き締めた。

「ほらね、分かるのよ。感じるのよ。」

自分に言い聞かせるみたいに、婦長さんがつぶやいた。

ああ、きっとこの人は、時折不安を感じながら、それでも魂《たましい》の力を信じようって、そうやって生きているんだなあって思った。きっと、このセント・マリア病院に働くみんなにとって、マリコさんの一粒《つぶ》にも満たない涙が、最高のクリスマスプレゼントなんだな、って思えた。おもしろいよな、人生って。与《あた》えてる人たちが、実は与えられてるんだな。うまくできてる。

（平成28年度版　学校図書2年52・53ページ田口ランディ「クリスマスの仕事」・『その夜、ぼくは奇跡を祈った』より）

・**マリコさんの涙《なみだ》は、病院で働く人たちにとってどのようなものだといえますか。□にあてはまる言葉を文章中から書き抜《ぬ》きなさい。**

□□□□側の看護婦さんたちが、患者《かんじゃ》であるマリコさんから与《あた》えられた□□□□□□□□□□。

5 主題をとらえる

基本問題②

得点　　／100点

学習日　　日

1 次の文章を読んで、下の問いに答えなさい。

〔戦争が終わったので、お父さんが作ってくれた防空壕《ぼうくうごう》が埋《う》められることになった。〕

そして、ある日曜日、お母さんの頼《たの》んだ二人の男が、乱暴に壕を突《つ》き崩《くず》し、掘《ほ》るときは五日かかったのに、ほんの半日ほどで、元どおりの平らな床下《ゆかした》にしてしまい、「全く、くだらないものを造らされたものだなあ。」口々につぶやいて、お母さんからお金を受け取り、帰っていきました。

「くだらないものなんかじゃない。」少年は、涙《なみだ》をいっぱい浮《う》かべて、まだ上げたままの床板から、暗い土をのぞき込《こ》み、お父さんは死んでしまったと、つくづくよく分かりました。お位《い》牌《はい》や、お仏壇《ぶつだん》の中の写真を見ても、そんなことは信じられなかったのに、ぺったんこになってしまった床下、もうお父さんとしゃべれないと思うと、少年は悲しくて、もっと戦争が続いていれば、空襲《くうしゅう》があればいいのにと、情けなかったのです。

平和が訪《おとず》れ、街に灯がよみがえった中で、少年だけが、悲しみに取り残されていました。

〔　〕部分要約

（平成14年度版　東京書籍2年70・71ページ　野坂昭如「僕の防空壕」・『戦争童話集』より）

(1) ——線「元どおりの平らな床下《ゆかした》」とありますが、このことによって、少年はどんなことを実感しましたか。次の文の□にあてはまる言葉を文章中から十二字で書き抜《ぬ》きなさい。（20点）

〔□という こと。〕

(2) 上の文章ではどんなことが描《えが》かれていますか。次の文の①・②にあてはまる言葉として最も適切なものをそれぞれあとから選び、記号で答えなさい。（各15点×2＝30点）

〔お父さんが作ってくれた防空壕《ぼうくうごう》をいつまでも大切に思う少年の姿から、お父さんを①気持ちがうかがえる。また、戦争が終わり、周りの人々が平和を喜ぶ中で、ひとり悲しむ少年の姿から、少年の②が描かれているといえる。〕

①
ア　したう
イ　あこがれる
ウ　情けなく思う

②
ア　安堵《あんど》感（安心する気持ち。）
イ　倫理《りんり》感（正しくあろうとする気持ち。）
ウ　孤独《こどく》感（ひとりさびしい気持ち。）

2 次の文章を読んで、下の問いに答えなさい。

①頑張《がんば》れば、いいことがある。努力は必ず報《むく》われる。そう信じていられる子供は幸せなんだと、今気づいた。信じさせてやりたい。大人になって「お父さんの言ってたこと、うそだったじゃない。」と責められてもいい、十四歳《さい》やそこらで信じることをやめさせたくはない。だが、そのために何を語り、何を見せてやればいいのかが、分からない。

＊徹夫《てつお》は智《さとし》に聞いた。

「中学に入ったら、部活はどうするんだ？」

答えは間を置かずに返ってきた。

「野球部、入るよ。」

＊佳枝《よしえ》が、「②今度は別のスポーツにしたら？」と言った。

「ほら、サッカーとかテニスとか。」

だが、智には迷うそぶりもなかった。

「野球部にする。」

「でもなあ、レギュラーは無理だと思うぞ、はっきり言って。」

「うん……分かってる。」

「三年生になっても球拾いかもしれないぞ。そんなのでいいのか？」

「いいよ。だって、僕《ぼく》、野球好きだもん。」

智は顔を上げてきっぱりと答えた。

一瞬《いっしゅん》言葉に詰《つ》まった後、徹夫は両肩《りょうかた》から、すうっと重みが消えていった。頬《ほお》が内側から押《お》されるように緩《ゆる》んだ。

＊徹夫・佳枝…智の父と母。

（平成28年度版　東京書籍2年46・47ページ　重松清「卒業ホームラン」・『日曜日の夕刊』より）

(1) ――線①「頑張《がんば》れば、いいことがある。努力は必ず報《むく》われる」という言葉に対して、徹夫《てつお》はどのような考えを持っていますか。最も適切なものを次から選び、記号で答えなさい。（15点）

ア 信じさせることはできないと考えている。

イ なんとか信じさせてやりたいと考えている。

ウ 信じても裏切られるだけだと考えている。

(2) ――線②「今度は別のスポーツにしたら？」とありますが、佳枝《よしえ》がこのように言った理由は何ですか。最も適切なものを次から選び、記号で答えなさい。（15点）

ア 努力もせずに野球を続けたいという智《さとし》に、これ以上続けさせても無駄《むだ》だと思ったから。

イ 智の小学校時代の実力からは、野球部で活躍《かつやく》できるとは思えないから。

ウ 野球よりもサッカーやテニスのほうが、智には向いていると思うから。

(3) この文章の主題は何ですか。最も適切なものを次から選び、記号で答えなさい。（20点）

ア 智の挫折《ざせつ》に父と母が付き添《そ》い励《はげ》ますことで、改めて家族の大切さに気付いた親子。

イ 頑張っても報われない現実を突《つ》きつけられ、野球部でのレギュラー入りを諦《あきら》める智。

ウ 好きだから頑張るという息子の理屈《りくつ》抜《ぬ》きの言葉に、胸を突《つ》かれる父親。

5 主題をとらえる

標準問題

得点
／100点

学習日
／　日

1 次の文章を読んで、下の問いに答えなさい。

メロスは、三日目の日没《にちぼつ》までに城に戻《もど》るという王との約束を果たすために走っている。その約束が守られなければ親友のセリヌンティウスが処刑《しょけい》になる。（要約）

「やめてください。走るのはやめてください。今はご自分のお命が大事です。あの方は、あなたを信じておりました。刑場に引き出されても、平気でいました。王様がさんざんあの方をからかっても、メロスは来ますとだけ答え、強い信念をもち続けている様子でございました。」

「それだから、走るのだ。信じられているから走るのだ。間に合う、間に合わぬは問題でないのだ。人の命も問題でないのだ。私は、なんだか、もっと恐《おそ》ろしく大きいもののために走っているのだ。ついてこい！　＊フィロストラトス。」

「ああ、あなたは気が狂《くる》ったか。それでは、うんと走るがいい。ひょっとしたら、間に合わぬものでもない。走るがいい。」

言うにや及《およ》ぶ。まだ日は沈《しず》まぬ。最後の死力を尽《つ》くして、メロスは走った。メロスの頭は空っぽだ。何一つ考えていない。ただ、訳のわからぬ大きな力に引きずられて走った。

＊フィロストラトス…メロスの親友のセリヌンティウスの弟子。

（平成28年度版　光村図書2年204・205ページ　太宰治「走れメロス」・『太宰治全集3』より）

(1) メロスはどのような理由から走っているのですか。次の二つの□にあてはまる言葉を文章中から書き抜《ぬ》きなさい。（各10点×2＝20点）

・セリヌンティウスに□から。

・もっと□のため。

(2) ——線「間に合う、間に合わぬは……走っているのだ」からわかることとして最も適切なものを次から選び、記号で答えなさい。（15点）

ア　メロスは何かにつき動かされ、我を忘れて夢中で走っている。

イ　メロスはセリヌンティウスの命を救おうと考えて走っている。

ウ　メロスは、約束のために命をかける勇者でありたいと願って走っている。

□

(3) この文章で描《えが》かれていることとして適切なものを次から選び、記号で答えなさい。（15点）

ア　訳のわからぬ大きな力に動かされて友の信頼《しんらい》にこたえようとするメロスの姿。

イ　王との約束を、死力を尽《つ》くして守ろうとするメロスの正義感の強さ。

□

2 次の文章を読んで、下の問いに答えなさい。

［写生をしている雅之《まさゆき》君に、ホームレスのバンさんが話しかける。］

「植物ってのは、①こういう生き物なんだぞ。知ってたか？」

バンさんはよろよろと立ち上がると、ヒルガオの群落の横の茂《しげ》みまで歩いていき、少し迷ってから背丈《せたけ》のある雑草を引き抜《ぬ》いた。川砂の下からずるずると長い根が出てきた。

「地下で頑張《がんば》っている足腰《あしこし》の方が大きいだろう。それなのに絵描《か》きは、いつも上半分しか描《えが》かない。もし君が見たままを再現する絵描きになりたいのなら、一度根まできちんと細密画でやってみな。それはそれで目が新しくなる。そうやって自分のスタイルってものを探す旅に出るんだよ」

バンさんはそれだけを言うと、何度か背伸《せの》びをして「うおーっ」と意味不明に唸《うな》った。それから空《あ》き缶《かん》でふくらんだ袋《ふくろ》を肩《かた》に担《かつ》いだ。

「楽しんでな、頑張れよ」

雅之君が「はい」と答えると、バンさんは鼻歌でメロディのようなものをなぞりながら遊歩道の方へと歩いていった。雅之君は小さな声で「どうも」とささやき、去っていくバンさんの背中に向けてぺこりと頭を下げた。

雅之君の足下《あしもと》に、バンさんの抜いた雑草が残された。

ヒルガオの花びらはどうでもよくなっていた。雅之君のなかで、植物そのものの印象が変わっていた。これまで自分が強調しようとしていた②植物の可憐《かれん》さはどこかに消え、生々しい生き物としての存在感が迫《せま》ってきた。

［　］部分要約

（明川哲也「台風のあとで」・『大幸運食堂』PHP研究所より）

(1) ――線①「こういう生き物」のことを、バンさんは何と言い表していますか。次の文の□にあてはまる言葉を文章中から書き抜《ぬ》きなさい。（15点）

上半分より、□の方が大きい生き物。

(2) ――線②「植物の可憐《かれん》さ」と対照的に使われている言葉を文章中から十四字で書き抜きなさい。（15点）

(3) この文章の主題として最も適切なものを次から選び、記号で答えなさい。（20点）

ア　バンさんとの出会いによって、雅之《まさゆき》君は写生を楽しむようになり、絵が飛躍《ひやく》的に上達したこと。

イ　バンさんとの出会いによって、雅之君の植物を見る目が変わり、ものの見方が広がってきたこと。

ウ　バンさんとの出会いによって、雅之君が、植物は時によって違《ちが》う姿に変貌《へんぼう》すると知ったこと。

たしかめよう

完成問題①

得点 ／100点

学習日 ／ 日

▼次の文章を読んで、下の問いに答えなさい。

僕《ぼく》の行っていた中学校は九段《くだん》の靖国《やすくに》神社の隣《となり》にある。

鉄筋コンクリート三階建ての校舎は、その頃《ころ》モダンで明るく健康的と言われていたが、①僕にとってはそれは、いつも暗く、重苦しく、陰気《いんき》な感じのする建物であった。

僕は、全くとりえのない生徒であった。成績は悪いが絵や作文にはずば抜《ぬ》けたところがあるとか、模型飛行機や電気機関車の作り方に長じているとか、らっぱかハーモニカがうまく吹《ふ》けるとか、そんな特技らしいものは何一つなく、中でも運動ときたら学業以上の苦手だった。野球、テニス、水泳、鉄棒、などもだが、マラソンのように不器用でも誠実にがんばりさえすればなんとかなる競技でも、中途《ちゅうと》で休んで落伍《らくご》してしまう。体操の時間にバスケット・ボールの試合でもあると、僕は最初からチームの他の四人の邪魔《じゃま》にならぬよう、飛んでくる球をよけながら、両手をむやみに振《ふ》り回して、「ドンマイ、ドンマイ。」などと、わけも分からず叫《さけ》んで、[A]コートの周りを駆《か》け回っていた。おまけに僕は、全く人好きのしないやつであった。地下室の食堂で、全校生徒が黒い長いテーブルについて食事する時、僕は独りで誰《だれ》よりも先に、お汁《しる》の実のいちばんいいところをさらってしまう、そんな時だけは誰《だれ》よりもすばしこくなる性質だった。そのくせ食べ方は遅《おそ》くて汚《きたな》く、ソースの付いたキャ

---

(1) [A]～[C]にあてはまる言葉として、最も適切なものを次から選び、記号で答えなさい。（同じ記号は二度選べません。）（各10点×3＝30点）

ア どかどか　**イ** びくびく
ウ ひょいひょい　**エ** ふわふわ
オ もじもじ

A［　］　B［　］　C［　］

(2) ――線①「僕《ぼく》にとってはそれは、いつも暗く、重苦しく、陰気《いんき》な感じのする建物であった」とありますが、これについて次の①・②の問いに答えなさい。

① 「それ」とは何ですか。次の文の□にあてはまる言葉を文章中から書き抜《ぬ》きなさい。（12点）

「僕」の行っていた中学校の□□□□□□□□□□□□□□□。

② なぜ――線①のように感じたのですか。その理由として最も適切なものを次から選び、記号で答えなさい。（12点）

ア 実際は、人が言うほど明るい建物ではないから。
イ 「僕」は校舎の暗い様子をよく目にしているから。
ウ 「僕」は学校によいイメージをもっていないから。

［　］

ベツの切《き》れ端《はし》や飯粒《めしつぶ》などが僕の立ったあとにはいちばん多く残っていた。

②僕はまた、あの不良少年というものでさえなかった。朝礼の後などに、時々服装検査というものが行われ、ポケットの中身を担任の先生に調べられるのだが、他の連中は、たばこの粉や、喫茶店《きっさてん》のマッチや、けんかの武器になる竹刀《しない》のつばを削《けず》った道具や、そんなものが見つかりはしないかと心配するのに、僕ときたら同じ B するのでも、全く種が違《ちが》うのだ。僕のポケットからは、折れた鉛《えん》筆《ぴつ》や零点《れいてん》の数学の答案に交じって、白墨《はくぼく》の粉で汚《よご》れた古靴下《くつした》、パンの食いかけ、鼻くそだらけのハンカチ、そういった種類の思いがけないものばかりが、C と飛び出して、担任の清川《きよかわ》先生や僕自身を驚《おどろ》かせるのだ。

そんな時、清川先生はもう怒《おこ》りもせず、分厚い眼鏡の奥《おく》から冷たい目つきでじっと僕の顔を見る。すると僕は、悔《くや》しい気持ちにも、悲しい気持ちにも、なることができず、ただ心の中を空っぽにしたくなって、目をそらせながら、③（まあいいや、どうだって。）と、つぶやいてみるのである。

（平成28年度版　学校図書2年36・37ページ　安岡章太郎「サーカスの馬」・『安岡章太郎全集』第四巻より）

(3) 「僕」はどんな人物ですか。第三段落（「僕は、全く……残っていた。」）から、十字と十一字で二つ書き抜きなさい。（各8点×2＝16点）

・
・

(4) ――線②「僕はまた、あの不良少年というものでさえなかった」とありますが、この表現からわかる「僕」の気持ちとして最も適切なものを次から選び、記号で答えなさい。（15点）

ア 不良少年にすらなれない自分に劣等《れっとう》感を抱《いだ》いている。
イ 不良少年よりはましだという優越《ゆうえつ》感をもっている。
ウ もう少しで不良少年になるという危機感がある。

(5) ――線③「（まあいいや、どうだって。）」とつぶやいた「僕」の気持ちとして最も適切なものを次から選び、記号で答えなさい。（15点）

ア 悲しくてたまらないという気持ち。
イ 自分に対して投げやりになる気持ち。
ウ 何ごとも受け止めるおおらかな気持ち。

書いてみよう

この文章の「僕」について、思ったことや感じたことなどを、七十字程度で書いてみよう。

たしかめよう

完成問題②

得点　／100点

学習日　／　日

▼次の文章を読んで、下の問いに答えなさい。

兄の宗一《そういち》と一緒《いっしょ》に、浩《ひろし》は駅の貨車積みのホームへ行き、鉄のスクラップの山をあさって、一本ずつ古い小刀を拾った。二本とも錆《さ》び切っていたので、家へ戻《もど》って、①二人は＊砥石《といし》を並べてわれを忘れてといだ。時々刃《は》に水を掛《か》けて指で拭《ぬぐ》い、とげた具合を見るのが楽しみだった。浩の小刀はよく光り、刃先へ向《むか》って傾斜《けいしゃ》している面には、唇《くちびる》が映った。宗一の小刀は、その面の縁《ふち》だけが環状《かんじょう》に光っていて、中央に錆びたままの、窪《くぼ》んだ部分を残していた。

浩は、自分は丸刃にしてしまったが、兄さんは平らにといだ、と思った。浩は自分が時間を浪費《ろうひ》して、しかも、とりかえしがつかないことをしてしまったように思い、＊周到《しゅうとう》だった兄を羨《うらや》んだ。浩は心の動揺《どうよう》を隠《かく》そうとして、黙《だま》ってまた砥石に向った。横にいる宗一が意識されてならなかった。a彼《かれ》が横にいるだけで浩は＊牽制《けんせい》されてしまい、自然と負けて行くように思えた。しかし浩は並んでといだ。宗一がどんな風にとぐか気になったからだ。宗一はやっていることに＊耽《ふけ》っていた。浩は自分も耽っているように見せかけた。浩には時間が長く感じられた。自分がひとをこんな思いにさせることがあるのだろうか、とb彼は思った。②浩は自分の小刀で＊掌《てのひら》を切って、宗一に見せるようにした。宗一はそれに気づき、眼《め》を上げて浩を見た。浩は自分から宗一の

(1) ――線①「二人は砥石《といし》を並べてわれを忘れてといだ」とありますが、宗一《そういち》と浩《ひろし》はそれぞれ小刀をどのようにといだのですか。次のA～Dにあてはまる言葉をあとから選び、記号で答えなさい。（各5点×4＝20点）

宗一は、小刀を（　A　）にといだことで錆《さ》びや窪《くぼ》みを残しながらも（　B　）小刀にした。浩は、小刀を（　C　）にといでしまい、よく光っているが（　D　）小刀にしてしまった。

ア 丸刃　**イ** 平ら　**ウ** よく切れない　**エ** よく切れる

A □　B □　C □　D □

(2) ＝線a～eの「彼《かれ》」の中に「宗一」を指している「彼」が一つあります。その記号を答えなさい。（5点）

□

(3) ――線②「浩は自分の小刀で掌《てのひら》を切って」とありますが、浩は、なぜ掌を切ったのですか。最も適切なものを次から選び、記号で答えなさい。（15点）

ア 宗一に小刀を交換《こうかん》してほしかったから。
イ 宗一の注意を引きつけたかったから。
ウ 宗一に小刀をとがせたかったから。

□

視線の前へ出て行った気がした。宗一を騙《だま》した自信はなかった。宗一はといでいた小刀を浩に差し出して、

――これをやらあ、といった。そして今まで浩がといでいた小刀を、とぎ始めた。

――怪我《けが》はどうしっか、と浩は聞いた。c彼はもう嘘《うそ》の後始末《あとしまつ》の仕方を、宗一に求めている気持《きもち》になっていた。

――怪我か、ポンプで洗って、手拭《てぬぐい》で圧《おさ》えていよ、と宗一はいった。

――③…………。

――お前んのも切れるようにしてやるんて、痛くても我慢《がまん》して待っていよ。

浩はポンプを片手で押《お》して、傷に水を掛けた。血は次から次へと出て来て、水に混《まじ》ってコンクリートの枠《わく》の中へ落ち、d彼に魚屋の流し場を思わせた。e彼はその流れ具合を見て、④これが僕《ぼく》の気持だ、どうしたら兄さんのように緊《しま》った気持になれるだろう、と思った。宗一は巧《たく》みに力を籠《こ》めてといでいた。浩はその砥石が、規則正しく前後に揺《ゆ》れているのを見守っていた。全てが宗一に調子を合わせて進んでいた。

＊砥石…刃物などをよく切れるようにする石材。刃物を水でぬらした砥石を用いて、刃先をとぐことで切れ味がよくなる。
＊周到…全てに行き届くこと。手落ちのないこと。
＊牽制…相手の注意を引きつけ、自由に動けなくすること。
＊耽って…他のことを忘れ集中して。
＊掌…手のひら。

（小川国夫「物と心」・『小川国夫全集2』小沢書店より）

(4) ――線③「……」とありますが、浩が何も言うことができなかったのは、なぜですか。次の□にあてはまる言葉を文章中から十字以内で書き抜《ぬ》きなさい。（20点）

浩は□を、宗一に求める気持ちになっていたから。

□□□□□□□□□□

(5) ――線④「これが僕《ぼく》の気持だ」とありますが、浩自身、自分はどうなりたいと思っていますか。次の□にあてはまる言葉を文章中から五字で書き抜きなさい。（20点）

浩の気持は、流し場の水に混《まじ》った血の流れのように、まわりのものに動かされてしまうので、兄のように□になりたい、なれるだろうかと思っている。

□□□□□

(6) この話の主題として最も適切なものを次から選び、記号で答えなさい。（20点）

ア 何でも自分だけ先にやってしまう兄への憎《にく》しみの気持ち。
イ 何でも先に完成させることのできる兄へのほこらしさ。
ウ 何でもうまくこなせる兄に対する心の揺《ゆ》れ動き。

□

筆者の体験や思いを読み取る

基本問題①

得点
　　／100点

学習日
　　／　　日

確認

★ 次の文章を読み、あとの□にあてはまる言葉を文章中から書き抜《ぬ》いて、筆者の体験・表現・思いについてまとめなさい。（各10点×3＝30点）

海水浴客のあまりいないその海は、青く澄《す》んでいた。さほど深くない海の底には、大きなヒトデが、まるでおもちゃのように無雑作に転がっている。図鑑《ずかん》でしか見たことのないヒトデを手のひらに載《の》せてみると、ずっしりした重さが体に伝わって、その質感に私は妙《みょう》な感動を覚えた。

体験……筆者は、海の底に□□□を見つけた。

表現……ヒトデを□□□□にたとえ、筆者のその時の実感を、比喩《ひゆ》を用いて表現している。

筆者の思い……ヒトデの質感に□□□□を覚える。

！ 随筆《ずいひつ》では、筆者の体験や出来事をとらえ、表現を味わいながら、筆者の思いや考えを読み取ることが大切です。

1 次の文章を読み、あとの□にあてはまる言葉を文章中から書き抜いて、筆者の言葉に対する考えについてまとめなさい。（各5点×4＝20点）

人はよく美しい言葉、正しい言葉について語る。しかし、私たちが用いる言葉のどれをとってみても、単独にそれだけで美しいと決まっている言葉、正しいと決まっている言葉はない。ある人があるとき発した言葉がどんなに美しかったとしても、別の人がそれを用いたとき同じように美しいとはかぎらない。それは、言葉というものの本質が、口先だけのもの、語彙《ごい》だけのものではなくて、それを発している人間全体の世界をいやおうなしに背負ってしまうところにあるからである。人間全体が、ささやかな言葉の一つ一つに反映してしまうからである。

（平成28年度版　光村図書2年70ページ　大岡信「言葉の力」・『ことばの力』改より）

言葉の本質は、その言葉を発する□□□□をいやおうなしに□□してしまうところにあるので、単独で□□□、□□□と決まっている言葉はない。

2 次の文章を読んで、あとの問いに答えなさい。

具体的ないくつかの例を思い出しつつ、正直に言って、自分にはどういう人の話が心からおもしろいか、と思案してみると、僕《ぼく》に浮《う》かんできた単純な答えは、——それぞれに吟味《ぎんみ》された言葉で話す人の話、というものだった。それも話の文体から用語がいちいちエラボレイト*されて、というような意味ではないように思う。その人の話に、一つか二つ本当に吟味された言葉が仕込《しこ》まれていて、それが話の骨格をなす時、その場でも新しい知恵《ちえ》の微風《びふう》に額をなでられるような気がするし、その言葉を手掛《てが》かりにして、後々まで話のおもしろさをよみがえらせることができる。

*エラボレイトされ…綿密に工夫《くふう》され。

（平成28年度版　学校図書2年16ページ　大江健三郎「吟味された言葉」・『恢復する家族』より）

(1) ——線「新しい知恵《ちえ》の微風《びふう》に額をなでられる」について説明した次の文の□にあてはまる言葉を文章中から書き抜《ぬ》きなさい。(10点)

［　　　　　　　］が使われた話を聞いた時の筆者の感覚を、擬人法《ぎじんほう》を用いて表現している。

(2) この文章から筆者のどんな考えが読み取れますか。次の文の□にあてはまる言葉を文章中から書き抜きなさい。(各5点×2=10点)

［　　　　　　　］話とは、吟《ぎん》味《み》された言葉が話の［　　］をなしている話だという考え。

3 次の文章を読んで、あとの問いに答えなさい。(各15点×2=30点)

①わたしは自転車に乗れるようになるまでに、かなり苦労をしたほうだと思う。友人や知人の話を聞くかぎりでは、みなそれほどたいした苦労もなく乗れている人が多い。なんとなく乗ったら乗れたとか、いつのまにか乗れるようになっていたとか、わたしからみれば②夢か魔法《まほう》でも使ったのかと言いたい話ばっかりである。

わたしの場合はまさに血と汗《あせ》と涙《なみだ》の特訓であった。

（平成14年度版　三省堂2年資料編56ページ　さくらももこ「自転車の練習」・『あのころ』より）

(1) ——線①「わたしは自転車に乗れるようになるまでに、かなり苦労をした」とありますが、そのことを示す言葉を文章中から八字で書き抜きなさい。

［　　　　　　　　］

(2) ——線②「夢か魔法《まほう》でも使ったのか」とありますが、この表現には筆者のどんな思いがこめられていますか。最も適切なものを次から選び、記号で答えなさい。

ア 自転車ぐらいは苦労もなく乗れるようになるのが普通《ふつう》である。
イ 自分も苦労せずに自転車に乗れるようになりたい。
ウ 苦労もなく自転車に乗れるようになるとは信じられない。

［　］

筆者の体験や思いを読み取る

基本問題②

得点　／100点

学習日　／　日

1 次の文章を読んで、あとの問いに答えなさい。

九月の初めのある日、わたしはこの道を上流に向かって歩いていた。ふと、草むらの中に燃えるようなオレンジ色の花を見つけて、足を止めた。

見たことのない花だ。直径六、七センチ、ビロードのような光沢《こうたく》があり、野生の花でないことは、ひと目で分かる。たぶん、こぼれ種から育ったのだろう。

緑が少し色あせて、精彩《せいさい》をなくした夏草の中で、その花だけが不思議なほどキラキラ輝《かがや》いて見えた。

（平成14年度版　学校図書2年193ページ　辻由美「チトニアの花と図書館」・『図書館であそぼう』より）

(1) ――線「見たことのない花」の様子を比喩《ひゆ》を用いて示した表現を十一字と十字で書き抜《ぬ》きなさい。（各8点×2＝16点）

・

・

(2) ――線「見たことのない花」が筆者の目にどううつったかがわかる表現を文章中から十六字で探し、初めの五字を書き抜きなさい。（10点）

2 次の文章を読んで、あとの問いに答えなさい。

京都の嵯峨《さが》に住む染織家《せんしょくか》志村《しむら》ふくみさんの仕事場で話していたおり、志村さんがなんとも美しい桜色に染まった糸で織った着物を見せてくれた。そのピンクは、淡《あわ》いようでいて、しかも燃えるような強さを内に秘《ひ》め、はなやかでしかも深く落ち着いている色だった。その美しさは目と心を吸い込《こ》むように感じられた。

「この色は何から取り出したんですか。」

「桜からです。」

と志村さんは答えた。

（平成28年度版　光村図書2年70ページ　大岡信「言葉の力」・『ことばの力』改より）

(1) ――線「なんとも美しい桜色」のことを、筆者は対照的な言葉で表現しています。次の言葉と対照されている言葉を書き抜きなさい。（各8点×2＝16点）

・淡《あわ》い　↔　〔燃えるような　　〕

・はなやか　↔　〔深く　　〕

(2) その美しい色を見たときの筆者の感想を、比喩を用いて表現している部分を十字で書き抜きなさい。（10点）

〔　　　　〕に感じられた。

3 次の文章を読んで、下の問いに答えなさい。

　勇気というものは、どういう理由で、どんな場合に、何を目的にしたものかを考えないと、しばしば、僕《ぼく》たちを無駄《むだ》に危険にさらすだけのことに終わる。僕たちを意味のない危険にさらし、無理をさせ、ばかげたことをしてかさせる。時には、①臆病《おくびょう》者《もの》と呼ばれてもいいから、賢《かしこ》く逃《に》げ出して危険を避《さ》ける方が、ずっと強い心の力を必要とすることだってある。（中略）

　こうやって考えてみれば分かることだが、全部が全部そうだとは言わないけれども、勇気と呼ぶものも、実は、②怖《こわ》さの一種だということができるだろう。社会の罰《ばつ》を受ける怖さが、勇気のある行動と呼ばれるものに、人間たちを駆《か》り立てるというわけだ。つまり、怖さにも、二種類ある。自然のままの人間の持つ怖さと、社会の人間として持つ怖さだ。社会と個人が、いつも同じ敵を持っていれば問題はないのだけれど、時には、社会が個人にとって敵になることもある。そこから、一人の人間の中で、二つの衝動《しょうどう》の対立が生まれてくる。

　僕は、昔、軍人になるための学校にちょっとばかりいたことがある。それで知ったのだが、どこの国の軍隊も、③逃げることを兵隊に教えない。おかしいことだ。逃げるのは、本能的にやれということなのだろうか。社会的にも、逃げることが意味のある場合は、たくさんあると思うのだが。無駄に命を捨てないために逃げるということは、社会のためにも大切だと、君は思わないだろうか。

（平成28年度版　学校図書2年12・13ページ　なだいなだ「逃げることは、ほんとにひきょうか」・『心の底をのぞいたら』より）

---

(1) ――線①「臆病者《おくびょうもの》と呼ばれてもいいから、賢《かしこ》く逃《に》げ出して危険を避《さ》ける方が、ずっと強い心の力を必要とすることだってある」とありますが、なぜですか。次の文の□にあてはまる言葉を文章中から書き抜《ぬ》きなさい。（各8点×2＝16点）

［□□□□□□□□□□］に打ち勝って、［□□□］という選択肢《せんたくし》を選んだから。

(2) ――線②「怖《こわ》さ」とありますが、ここでの怖さはどんな怖さですか。適切なものを次から選び、記号で答えなさい。（8点）［　］

ア　自然のままの人間の持つ怖さ。
イ　社会の人間として持つ怖さ。

(3) ――線③「逃げることを兵隊に教えない」とありますが、なぜだと考えられますか。適切なものを次から選び、記号で答えなさい。（8点）［　］

ア　逃げることは、人間が本能的に身につけているものなので教える必要がないから。
イ　逃げることは、勇気のない行動とされ、社会的に認められていないから。

(4) 筆者の考えをまとめた次の文の□にあてはまる言葉を文章中から書き抜きなさい。（各8点×2＝16点）

無駄《むだ》に［□□□□□□］ために逃げるということは、個人のためにも［□□］のためにも大切なことだ。

筆者の体験や思いを読み取る

標準問題

得点
／100点

学習日
日

1 次の文章を読んで、下の問いに答えなさい。

処分された多くの物、多くのあかし。たんぼも少なくなった。自然もだんだん消えていく。何でも一度なくしてしまうと、元には決して戻《もど》らない。……胸がちくちく痛くなった。私自身も何と多くの物をなくし、何と多くの事々を忘れ去ってきたことか……。

古い家や昔の機具からのメッセージをだいじに捉《とら》えて、静かに堂々と暮らす農家のあるじの言葉が忘れられない。更《さら》に、そこからは生きるうえでの大きなメッセージが聞こえてきた。

私たちの暮らしにはメッセージがあふれている。テレビや書物、人の言葉、自然の様子、出来事、その他、世の中に存在する全ての事や物には、メッセージがあるはずだ。耳を澄《す》まし、目を凝《こ》らして、人や物事の言葉や様子をだいじに聞き取り読み取り、自らを見つめながら、慌《あわ》てずゆっくり歩いていきたい。

世の中のさまざまなメッセージの中から何を感じ、何を捉えるか。メッセージの捉え方はそのままその人間の在り方、生き方を表すのではないだろうか。

（平成28年度版　東京書籍2年19・20ページ
加賀美幸子「メッセージをどう聞くか」・「こころを動かす言葉」より）

(1) ――線「胸がちくちく痛くなった」とありますが、筆者がこのような思いになったのはなぜですか。最も適切なものを次から選び、記号で答えなさい。（10点）

ア　処分されたり消えていったりした物の立場に立って、改めてひどいことをしたと思ったから。

イ　自分がなくしてきた物や忘れ去ってきた事が、元には決して戻《もど》らないことに気付いたから。

ウ　自分が多くの物をなくし、多くのことを忘れてきたことを情けなく感じたから。

□

(2) 上の文章で筆者は、私たちの暮らしにあふれるメッセージに対してどのような思いを持っていますか。次の文の□にあてはまる言葉を文章中から書き抜《ぬ》きなさい。（各10点×2＝20点）

世の中の人や物事の□□□□□からのメッセージを□□□に捉《とら》えていきたい。

(3) 筆者は、メッセージの捉え方は何を表すと考えていますか。次の文の□にあてはまる言葉を文章中から書き抜きなさい。（各10点×2＝20点）

メッセージを捉えた人間の□□□や□□□。

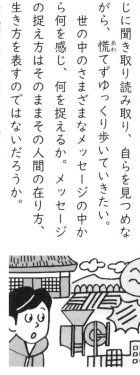

2 次の文章を読んで、下の問いに答えなさい。

〈メメント・モリ〉という言葉を訳しますと〈死を想《おも》え〉ということになります。生きてある現在、その日のうちに死を想えということ。死を想うというと、何か非常に不吉《ふきつ》なような感じがしますが、実際はそうではないのです。自分たちがどこから生まれてきてどこへゆくのかということを一日も早く意識して考えること。そして、死を恐《おそ》れることなく、まるでそういう観念が自分の友達でもあるかのごとくに［　　］生きることのほうが、実はだいじなのです。

なぜかというと、この世界が永久に続くと考えたとき、人間というものは毎日毎日の体験に感激を持てなくなります。それから、自分たちがなんでもできるんだ、自分たちの力で人生をつくっていけるんだというふうに考えたとき、人間というのは非常に傲慢《ごうまん》になってきます。

人間は生まれる場所を選択《せんたく》できない。行き先も選択できない。その期間も選択できない。

そう考えたときに人間は、与《あた》えられた人生というものの中でどう自分の一生を生きていこうかということを非常に謙虚《けんきょ》に考えるようになるはずなのです。無力感よりはむしろその中でどう生きていこうかということを真剣《しんけん》に考えるようになる。そして有限の人生であるということを感じたときに、この一年間、ほんとうにだいじに過ごさなければいけないと考えると思います。

（平成14年度版　東京書籍2年78・79ページ　五木寛之「想う」・『生きるヒント』より）

(1) ［　　］にあてはまる言葉として、最も適切なものを次から選び、記号で答えなさい。（10点）

ア　敵対して　　イ　無視して
ウ　親しんで

［　　］

(2) 「死を想《おも》う」ことなく、この世界が永久に続くものだと考えることによって、人間はどうなると筆者は考えていますか。文章中の言葉を使って書きなさい。（15点）

［　　　　　　　　］

(3) ――線「人間は……できない」とありますが、これと反対のことを表している言葉を文章中から三十五字（読点も一字に数える）以内で探し、その初めと終わりの五字ずつを書きなさい。（完答10点）

［　　　　　］～［　　　　　］

(4) ――線部のように考えたとき、人間はどう考えるようになると筆者は述べていますか。次の［　］にあてはまる言葉を文章中から書き抜《ぬ》きなさい。（各5点×3＝15点）

有限の人生に［　　　］を感じるよりも、その中でどう生きようかということを、謙虚《けんきょ》に、［　　］に考えるようになり、この一年間をほんとうに［　　　］に過ごさなければいけないと考えるようになる。

たしかめよう

完成問題①

得点　／100点

学習日　／　日

▼次の文章を読んで、下の問いに答えなさい。

　終戦の年の四月、小学校一年の末の妹が甲府《こうふ》に学童疎開《そかい》をすることになった。既《すで》に前の年の秋、同じ小学校に通っていた上の妹は疎開をしていたが、下の妹はあまりに幼く不憫《ふびん》だというので、両親が手放さなかったのである。ところが、三月十日の東京大空襲《くうしゅう》で、家こそ焼け残ったものの命からがらのめに遭《あ》い、このまま一家全滅《ぜんめつ》するよりは、と心を決めたらしい。

　妹の出発が決まると、暗幕を垂らした暗い電灯の下で、母は当時貴重品になっていたキャラコで肌着《はだぎ》を縫《ぬ》って名札を付け、父はおびただしい葉書にきちょうめんな筆で①自分宛《あ》ての宛名《あてな》を書いた。

「元気な日はマルを書いて、毎日一枚ずつポストに入れなさい。」

と言ってきかせた。妹は、まだ字が書けなかった。

　宛名だけ書かれたかさ高な葉書の束をリュックサックに入れ、雑炊《ぞうすい》用のどんぶりを抱《かか》えて、妹は遠足にでも行くようにはしゃいで出かけていった。

　一週間ほどで、初めての葉書が着いた。紙いっぱいはみ出すほどの、②威勢《いせい》のいい赤鉛筆《えんぴつ》の大マルである。付き添《そ》って行った人の話では、地元婦人会が赤飯やぼた餅《もち》を振《ふ》る舞《ま》って歓迎《かんげい》してくださったとかで、かぼちゃの茎《くき》まで食べていた東京に比べれば大マルにちがいなかった。

(1) ――線①「自分宛《あ》ての宛名《あてな》を書いた」とありますが、妹に宛名を書かせなかった理由を文章中から一文（句読点も含《ふく》む）で書き抜《ぬ》きなさい。※一文を書き抜くときは、文末の句点も書き抜きます。（12点）

［　　　　］

(2) ――線②「威勢《いせい》のいい赤鉛筆《えんぴつ》の大マル」とありますが、これと対照的な表現を文章中から書き抜きなさい。（完答12点）

［　　　　］の［　　　　］

(3) ――線③「姉の姿を見ると、種をぺっと吐《は》き出して泣いた」とありますが、その理由として最も適切なものを次から選び、記号で答えなさい。（12点）

ア　十分な食べ物にやっとありつけると思ってうれしかったから。

イ　戦火をくぐり抜け、無事に再び会えたことに感動したから。

ウ　こらえていたみじめな気持ちが姉の姿を見て爆発《ばくはつ》したから。

［　］

(4) ――線④「小さいのに手をつけると叱《しか》る父も、この日は何も言わなかった」とありますが、その理由として最も適切なものを次から選び、記号で答えなさい。（12点）

ア　私と弟の行動は妹を思いやるものであったから。

イ　頭が妹のことでいっぱいで目が届かなかったから。

ウ　食べ物がないので仕方がないと思ったから。

［　］

ところが、次の日からマルは急激に小さくなっていった。情けない黒鉛筆の小マルは、ついにバツに変わった。その頃《ころ》、少し離《はな》れた所に疎開していた上の妹が、下の妹に会いに行った。

下の妹は、校舎の壁《かべ》に寄《よ》り掛《か》かって梅干《は》しの種をしゃぶっていたが、③姉の姿を見ると、種をぺっと吐き出して泣いたそうな。

まもなくバツの葉書も来なくなった。三月目に母が迎《むか》えに行ったとき、百日ぜきをわずらっていた妹は、しらみだらけの頭で三畳《じょう》の布団《ふとん》部屋に寝《ね》かされていたという。

妹が帰ってくる日、私と弟は家庭菜園のかぼちゃを全部収穫《しゅうかく》した。④小さいのに手をつけると叱《しか》る父も、この日は何も言わなかった。私と弟は、ひと抱えもある大物からてのひらに載《の》るうらなりまで、二十数個のかぼちゃを一列に客間に並べた。これぐらいしか妹を喜ばせる方法がなかったのだ。

夜遅《おそ》く、出窓で見張っていた弟が、

「帰ってきたよ!」

と叫《さけ》んだ。茶の間に座《すわ》っていた父は、はだしで表へ飛び出した。防火用水桶《ぼうかようすいおけ》の前で、やせた妹の肩《かた》を抱《だ》き、声を上げて泣いた。私は父が、大人の男が声を立てて泣くのを初めて見た。

あれから三十一年。父はなくなり、妹も当時の父に近い年になった。だが、あの字のない葉書は、誰《だれ》がどこにしまったのかそれともなくなったのか、私は一度も見ていない。

(平成28年度版　光村図書2年107～109ページ　向田邦子「字のない葉書」・『眠る盃』より)

(5) **下の妹の帰りを待ちわびていた父の気持ちが、行動となって表れている部分を、十一字と十八字で書き抜きなさい。** (各10点×2=20点)

・

・

※読点も含む。

(6) **この文章から読み取れる父親の人物像として最も適切なものを次から選び、記号で答えなさい。** (12点)

ア 常に紳士《しんし》的で、愛情にあふれている。
イ 厳格であるが、まじめで愛情に満ちている。
ウ 子どもをけっしてしからず、優《やさ》しい。
エ 優しいが、やや頼《たよ》りない面もある。

(7) **上の文章の説明として正しいものを次からすべて選び、記号で答えなさい。** (完答20点)

ア 一九四五年当時の話を三十一年後に書いている。
イ 戦争が終わった直後の話である。
ウ 筆者は四人きょうだいの次女である。
エ きょうだいの中で疎開《そかい》をしたのは下の妹だけである。
オ 父は戦争でなくなった。
カ 当時の東京にはじゅうぶんな食べ物がなかった。
キ どこの疎開先でもたくさんの食べ物が食べられた。

〔　　　〕

たしかめよう

完成問題②

得点　／100点

学習日　／　日

▼次の文章を読んで、下の問いに答えなさい。

京都の嵯峨《さが》に住む染織家《せんしょくか》志村《しむら》ふくみさんが、美しい桜色に染まった糸で織った着物を見せてくれた。その色の美しさは、目と心を吸い込《こ》むように感じられた。

「①この色は何から取り出したんですか。」

「桜からです。」

と志村さんは答えた。素人《しろうと》の気安さで、私はすぐに桜の花びらを煮詰《につ》めて色を取り出したものだろうと思った。実際はこれは桜の皮から取り出した色なのだった。あの黒っぽいごつごつした桜の皮からこの美しいピンクの色がとれるのだという。志村さんは続けてこう教えてくれた。この桜色は、一年中どの季節でもとれるわけではない。桜の花が咲く直前のころ、山の桜の皮をもらってきて染めると、こんな、上気したような、えもいわれぬ色が取り出せるのだ、と。

私はその話を聞いて、②体が一瞬《いっしゅん》揺らぐような不思議な感じに襲《おそ》われた。春先、もうまもなく花となって咲き出《い》でようとしている桜の木が、花びらだけでなく、木全体で懸命《けんめい》になって最上のピンクの色になろうとしている姿が、私の脳裏《のうり》に揺らめいたからである。花びらのピンクは、幹のピンクであり、樹皮のピンクであり、樹液のピンクであった。桜は全身で春のピンクに色づいていて、花びらはいわばそれらのピンクが、ほんの尖端《せんたん》

(1) ――線①「この色は何から取り出したんですか」について、次の①・②の問いに答えなさい。

① 「この色」とは、どのような色ですか。文章中から十五字で書き抜《ぬ》きなさい。（25点）

② 「この色は何から取り出した」のですか。次の文の□にあてはまる言葉を文章中から書き抜きなさい。（各10点×2＝20点）

〔桜の花が咲く□のころの□。〕

(2) ――線②「体が一瞬《いっしゅん》揺らぐような不思議な感じに襲《おそ》われた」とありますが、なぜですか。その理由が書かれている一文を文章中から探し、初めの五字を書き抜きなさい。（25点）

だけ姿を出したものにすぎなかった。

考えてみればこれはまさにそのとおりで、木全体の一刻も休むことない活動の精髄《せいずい》が、春という時節に桜の花びらという一つの現象になるにすぎないのだった。しかしわれわれの限られた視野の中では、桜の花びらに現れ出たピンクしか見えない。たまたま志村さんのような人がそれを樹木全身の色として見せてくれると、はっと驚《おどろ》く。

このようにみてくれば、③これは言葉の世界での出来事と同じことではないかという気がする。言葉の一語一語は、桜の花びら一枚一枚だといっていい。一見したところぜんぜん別の色をしているが、しかしほんとうは全身でその花びらの色を生み出している大きな幹、それを、その一語一語の花びらが背後に背負っているのである。そういうことを念頭におきながら、言葉というものを考える必要があるのではなかろうか。そういう態度をもって言葉の中で生きていこうとするとき、一語一語のささやかな言葉の、ささやかさそのものの大きな意味が実感されてくるのではなかろうか。美しい言葉、正しい言葉というものも、そのときはじめて私たちの身近なものになるだろう。

〔　〕部分要約

（平成28年度版　光村図書2年　70〜73ページ　大岡信「言葉の力」・『ことばの力』改より）

(3) **――線③「これは言葉の世界での出来事と同じことではないか」とありますが、①「桜」と②「言葉」のどのような点が同じなのですか。①は、□にあてはまる言葉を文章中から書き抜きなさい。②は、最も適切なものをあとから選び、記号で答えなさい。**（各15点×2＝30点）

① **「桜」**

春に見られるピンクの花びら一枚一枚が、その背後に〔□□□□〕の色を背負っている点。

② **「言葉」**

ア 表に現れ出た言葉は人間全体の一部にすぎず、本来の人間の姿を表してはいない点。

イ ささやかな言葉の裏には、その言葉を発する人間の本性が隠されている点。

ウ 人間が発する一語一語の言葉に、その言葉を発する人間全体が反映されている点。

□

書いてみよう

「美しい言葉、正しい言葉」についてのきみの考えを、七十字以内で書いてみよう。

1 詩の種類・表現技法

基本問題①

得点

／100点

学習日

／ 日

確認

★ 次の詩を読み、詩の種類や表現技法について下の□にあてはまる言葉を書きなさい。（各10点×4＝40点）

未知へ　木村信子《きむらのぶこ》

わたしが響《ひび》いている
透明《とうめい》な殻《から》の中で響いている
ありったけ響いている
外はもうすぐ春らしい
（一連＊）

わたしが響いている
痛いほど響いている
あふれるほど響いている
もうすぐわたしは割れるのだ
（二連）

わたしが響いている
おもてへこだまして響いている
まだ見たこともない山へ胸をときめかせて
わたしが響いている
（三連）

＊連…詩のまとまり。連と連の間は、ふつう一行空きになっています。

（平成14年度版　三省堂2年巻頭ページ　木村信子「未知へ」・『時間割にない時間』より）

詩の種類

(1) 口語《こうご》（現代の話し言葉）で書かれているので［　　］詩である。

(2) 自由なリズムで書かれているので［　　］詩である。

(3) したがってこの詩の種類は［　語　詩］である。

詩に用いられている表現技法

この詩には「［　　　　　］」という言葉が何度も使われている。こうした表現技法を**反復法《はんぷくほう》（繰《く》り返《かえ》し法《ほう》）**という。

！《主な詩の種類と表現技法》

用語
- 口語詩《こうごし》…現代の言葉、文法で書かれた詩。
- 文語詩《ぶんごし》…昔の言葉、文法で書かれた詩。

形式
- 自由詩…自由なリズムの詩。
- 定型詩…五七調、七五調などの一定のリズムのある詩。

※用語・形式を合わせて「口語自由詩」「文語定型詩」などという。

表現技法…体言止め・擬人法《ぎじんほう》・反復法《はんぷくほう》・倒置法《とうちほう》・比喩《ひゆ》など。

次の詩を読んで、下の問いに答えなさい。

少年の日　佐藤春夫《さとうはるお》

1

野ゆき山ゆき海辺ゆき
真ひるの丘《おか》べ花を敷《し》き
つぶら瞳《ひとみ》の君ゆゑに
うれひは青し空よりも。

2

影《かげ》おほき林をたどり
夢ふかきみ瞳を恋《こ》ひ
あたたかき真昼の丘べ
花を敷き、あはれ若き日。

3

君が瞳はつぶらにて
君が心は知りがたし。
君をはなれて唯《ただ》ひとり
月夜の海に石を投《な》ぐ。

4

君は夜な夜な毛糸編む
銀の編み棒に編む糸は
かぐろなる糸あかき糸
そのラムプ敷き誰《た》がものぞ。

（平成14年度版　教育出版2年94・95ページ　佐藤春夫「少年の日」・『佐藤春夫全集第一巻』より）

(1) 詩の種類について説明した次の文の［　　］にあてはまる言葉をあとの［　　］からそれぞれ選んで書きなさい。（各10点×5＝50点）

① （用語に着目すると、）「青し」、「夢ふかき」など、文語（昔の書き言葉）で書かれた［　　　］といえる。

［口語詩・文語詩］

② （各行の音数に着目すると、）「野《の》ゆき山《やま》ゆき（七音）海辺《うみべ》ゆき（五音）」、「真《ま》ひるの丘《おか》べ（七音）花《はな》を敷《し》き（五音）」のように一定のリズムで書かれた［　　　］といえる。

［自由詩・定型詩］

③ 1・3・4連は［　　　］、2連は［　　　］。

［五七調・七五調］

④ この詩の種類は［　　　］である。

［口語自由詩・文語定型詩］

(2) 1連の中から、倒置法《とうちほう》（例えば「光るよ星が。」のように、語順を入れかえて表現する方法。）が使われている部分を一行で書き抜《ぬ》きなさい。（10点）

〔　　　　　　　　　〕

1 詩の種類・表現技法

基本問題②

得点　／100点

学習日　／　日

1 次の詩を読んで、下の問いに答えなさい。

麗日《オデンキ》　一戸謙三《いちのへけんぞう》

口笛吹《クツブエふ》エで、
*裏背戸《カグチ》サ出はれば、
*青空ね、
*凧《タゴ》のぶンぶの音《オド》アしてる。

大屋根サ、
昼寝《シルネ》コしてる三毛猫《サンケネゴ》。

——ああ春*だじゃな！
枝垂柳《スダレやなぎ》も青グなた。

＊裏背戸…裏口。裏庭。
＊青空ね…青空に。
＊凧のぶンぶ…凧に取りつけて音を出させるもの。
＊だじゃな…だなあ。

（平成14年度版　教育出版2年10ページ　一戸謙三「麗日」・『方言詩集　津軽の詩』より）

(1) この詩は何連《れん》で構成されていますか。漢数字で答えなさい。（10点）

（　　連）

(2) この詩は津軽《つがる》地方（青森県《あおもりけん》）の方言で書かれています。この方言からどんな感じを読む人にあたえますか。次から二つ選び、記号で答えなさい。（各10点×2＝20点）

ア 北国に春が来た喜びが実感として伝わってくる。
イ 方言の意味がわからないので神秘的な感じがする。
ウ 北国の暗さが伝わってくる。
エ ユーモラスな明るい感じがする。

（　　）・（　　）

(3) この詩の種類を次から選び、記号で答えなさい。（10点）

ア 口語自由詩　**イ** 口語定型詩
ウ 文語自由詩　**エ** 文語定型詩

（　　）

(4) ——線部は「三毛猫《サンケネゴ》」という体言（名詞）で終わっています。このような表現技法を何といいますか。（10点）

（　　止め）

(5) 視覚（目）と聴覚《ちょうかく》（耳）によって感じ取ったことを表したひと続きの二行を、詩の中から探して書き抜《ぬ》きなさい。（10点）

（　　）

2 次の詩を読んで、下の問いに答えなさい。

橋　高田敏子《たかだとしこ》

少女よ
橋のむこうに
何があるのでしょうね

私も　いくつかの橋を
渡《わた》ってきました
いつも　心をときめかし
急いで　かけて渡りました

あなたがいま渡るのは
あかるい青春の橋
そして　あなたも
急いで渡るのでしょうか

むこう岸から聞こえる
あの呼び声にひかれて

※1～13は行番号を表します。

（高田敏子「橋」・『月曜日の詩集』より）

(1) この詩の種類（用語・形式）を漢字五字で答えなさい。 （10点）

(2) この詩の「橋」について、次の各問いに答えなさい。 （各5点×2＝10点）

① **「橋」は何をたとえていますか。次から選び、記号で答えなさい。**

ア 空に架《か》かる虹《にじ》
イ 国と国とを結ぶつながり
ウ 人生のいくつかの節目

② **この詩での「橋」のように、「～のようだ」などの言葉を使わないで別のものにたとえる表現技法を次から選び、記号で答えなさい。**

ア 直喩法《ちょくゆほう》
イ 隠喩法《いんゆほう》
ウ 擬人法《ぎじんほう》

(3) 11～13行目に使われている表現技法を次から選び、記号で答えなさい。 （10点）

ア 倒置法《とうちほう》（言葉の順序を普通《ふつう》とは逆にする）
イ 体言止め（行の終わりを体言で止める）
ウ 反復法（同じ言葉をくり返す）

(4) この詩には作者のどのような気持ちが込《こ》められていますか。最も適切なものを次から選び、記号で答えなさい。 （10点）

ア 少女を教え導き激励《げきれい》したい気持ち。
イ 少女を温かく見守っていきたい気持ち。
ウ 少女の若さをうらやましく思う気持ち。

2 詩の鑑賞

基本問題①

得点
／100点

学習日
／　日

確認

★ 次の詩を読み、詩の内容や主題について下の問いに答えなさい。

けふ《(キョウ)》といふ《(ウ)》日　　室生犀星《むろうさいせい》

時計でも
十二時を打つとき
おしまひ《(イ)》の鐘《かね》をよくきくと、
とても　大きく打つ。
これがけふ《(キョウ)》のおわかれなのね、
けふ《(キョウ)》がもう帰つ《(ツ)》て来ないために、
ほかの無くなつ《(ツ)》た日にまぎれ込《こ》んで
なんでもない日になつ《(ツ)》て行く。
茫々《ぼうばう》《(ボウボウ)》何千年の歳月《さいげつ》に連れこまれるのだ、
けふ《(キョウ)》といふ《(ウ)》日、
そんな日があつ《(ツ)》たか知《し》らと、
どんなにけふ《(キョウ)》が華《はな》やかな日であつても、
人びとはさう《(ソ)》言つ《(ツ)》てわすれて行く。
けふ《(キョウ)》の去るのを停《と》めることが出来ない、
けふ《(キョウ)》一日だけでも好《よ》く生きなければならない。

（室生犀星「けふといふ日」・『日本の詩歌　15室生犀星』中央公論社より）

(1)　――線「とても　大きく打つ」のはなぜだと作者は考えていますか。最も適切なものを次から選び、記号で答えなさい。（20点）

ア　二度と帰ってこない今日という日の名残《なごり》を惜《お》しむため。
イ　明日という新しい日の訪《おとず》れを皆《みな》に知らせ喜び合うため。
ウ　今日という日に起きた悲しい出来事を洗い流すため。

[　]

(2)　この詩には作者のどんな心情がよまれていますか。[　]にあてはまる言葉を詩の中から書き抜《ぬ》きなさい。（各15点×2＝30点）

「けふ《(キョウ)》という日」が去るのを[　　　　　]は出来ないのだから、その一日を[　　　　　]なければならない。

! 詩の情景や心情を表す言葉に注目して、そこにこめられた意味をとらえながら詩を鑑賞《かんしょう》し、主題に迫《せま》りましょう。表現技法が使われている部分も、主題を読み取る手がかりになります。

▼ 次の詩を読んで、下の問いに答えなさい。

レモン哀歌《あいか》　高村光太郎《たかむらこうたろう》

そんなにもあなたはレモンを待つ《(ツ)》てゐ《(イ)》た
かなしく白くあかるい死の床《とこ》で
わたしの手からとつ《(ツ)》た一つのレモンを
あなたのきれいな歯ががりりと噛《か》んだ
*トパァズいろの香気《かうき(コウ)》が立つ
その数滴《すうてき》の天のものなるレモンの汁《しる》は
ぱつ《(ツ)》とあなたの意識を正常にした
あなたの青く澄《す》んだ眼《め》がかすかに笑ふ《(ウ)》
わたしの手を握《にぎ》るあなたの力の健康さよ
あなたの咽喉《のど》に嵐《あらし》はあるが
かう《(コウ)》いふ《(ウ)》命の瀬戸《せと》ぎは《(ワ)》に
智恵子《ちゑ(エ)こ》はもとの智恵子となり
生涯《しやうがい》の愛を一瞬にかたむけた
それからひと時
昔山巓《*さんてん》でしたやう《(ヨウ)》な深呼吸を一つして
あなたの機関はそれなり止まつ《(ツ)》た
写真の前に挿《さ》した桜の花かげに
すずしく光るレモンを今日も置かう《(コウ)》

＊トパァズ…フッ素、アルミニウムを含《ふく》む宝石の一種。淡褐色《たんかっしょく》のもののほか、緑、ピンクをしたものもある。
＊山巓…山の頂上のこと。

（平成28年度版　教育出版2年198・199ページ　高村光太郎「レモン哀歌」・『高村光太郎全詩集』より）

---

(1) この詩を、時間の隔《へだ》たりによって二つに分ける場合、後半の初めの一行を詩の中から書き抜《ぬ》きなさい。（10点）

〔　　　　〕

(2) この詩では、色を連想させる言葉が多く用いられています。それぞれの色を連想させるものを、□にあてはまるように詩の中から書き抜きなさい。（各5点×6＝30点）

白…〔□□□・智恵子《ちえこ》の□〕
トパァズ色…〔レモンの□□〕
青…〔智恵子の□〕
ピンク…〔□の花〕
黄色…〔□□□〕
緑…山巓《さんてん》

(3) この詩ではどんな心情がうたわれていますか。最も適切なものを次から選び、記号で答えなさい。（10点）

ア　智恵子への愛。
イ　健康の大切さ。
ウ　死への恐怖《きょうふ》。

□

2 詩の鑑賞

基本問題②

得点　　／100点

学習日　　／　　日

1 次の詩を読んで、下の問いに答えなさい。

見えないだけ　　牟《む》礼《れ》慶《けい》子《こ》

空の上には
もっと青い空が浮《う》かんでいる
波の底には
もっと大きな海が眠《ねむ》っている
胸の奥《おく》で
ことばがはぐくんでいる優《やさ》しい世界
次の垣根《かきね》で
蕾《つぼみ》をさし出している美しい季節
少し遠くで
待ちかねている新しい友だち

あんなに確かに在るものが
まだここからは見えないだけ

※1～12は行番号を表します。

（平成28年度版　光村図書2年16・17ページ　牟礼慶子「見えないだけ」・「ことばの冠」より）

(1) **この詩は二つの連で成り立っています。第一連をさらに二つに分けるとすると、後半はどこからですか。その初めの行番号を答えなさい。（表現技法に注意する。）**（10点）

〔　　行目〕

(2) **——線「あんなに確かに在るもの」とは何ですか。詩の中から五つ書き抜《ぬ》きなさい。**（各4点×5＝20点）

〔・もっと青い□　・もっと大きな□　・優《やさ》しい□□　・美しい□□　・新しい□□□〕

(3) **この詩で作者が伝えたいこととして最も適切なものを次から選び、記号で答えなさい。**（20点）

ア　見えていないものは、無理に見つけようとしなくても、これからもずっとそこにあり続ける。

イ　まだ見えていないものは世界にたくさんあるので、よく探して見つけ出してほしい。

ウ　今はまだ見えなくても、誰《だれ》にでもいつか必ずすばらしいものとの出会いがある。

〔　　〕

2 次の詩を読んで、下の問いに答えなさい。

椰子《やし》の実　島崎藤村《しまざきとうそん》

名も知らぬ遠き島より
流れ寄る椰子の実一つ

故郷《ふるさと》の岸を離《はな》れて
汝《なれ》はそも波に幾月《いくつき》

旧《もと》の樹《き》は生《お》ひや茂《しげ》れる
枝はなほ(オ)影《かげ》をやなせる

①われもまた渚《なぎさ》を枕《まくら》
孤身《ひとりみ》の浮寝《うきね》の旅ぞ

実をとりて胸にあつれば
新《あら》たなり②流離《りうり》(リュウリ)の憂《うれひ》(ウレイ)

海の日の沈《しづ》(シズ)むを見れば
激《たぎ》り落《お》つ異郷の涙《なみだ》

思ひ(イ)やる八重《やへ》(エ)の潮々《しほじほ》(シオジオ)
いづれ(ズ)の日にか国に帰らん

（平成14年度版　東京書籍2年8～10ページ　島崎藤村「椰子の実」・『日本の詩歌』より）

(1) 「椰子《やし》の実」はどこから流れてきたのですか。詩の中から八字で書き抜きなさい。（10点）

(2) ――線①「われもまた渚《なぎさ》を枕《まくら》／孤身《ひとりみ》の浮寝《うきね》の旅ぞ」とありますが、ここから「われ（私）」は今どこにいることがわかりますか。適切なものを次から選び、記号で答えなさい。（10点）

ア　名も知らぬ遠き島にいる。
イ　故郷から遠く離《はな》れた海辺にいる。

(3) 「われ」は、自分を何と重ねあわせていますか。次の文の□にあてはまる言葉を詩の中から書き抜きなさい。（各5点×2＝10点）

［　　］から遠く離れて流れついた、一つの［　　］と、自分を重ねあわせている。

(4) ――線②「流離《りうり》(リュウリ)の憂《うれひ》(ウレイ)（故郷から遠く離れてさまよい歩く悲しみ）」とほぼ同じ心情を表す言葉を四字で第六連から書き抜きなさい。（10点）

(5) この詩には「われ」のどのような心情がよまれていますか。適切なものを次から選び、記号で答えなさい。（10点）

ア　見知らぬ木の実を発見した驚《おどろ》き。
イ　遠く離れた故郷への思い。

3 短歌

基本問題①

得点
／100点

学習日
／　日

確認

★ 次の短歌を五・七・五・七・七（三十一音）の五句に分けなさい。（各5点×4＝20点）

たちまちに君の姿を霧《きり》とざし或《あ》る楽章をわれは思ひ《（イ）》き　近藤芳美《こんどうよしみ》

初句《しょく》…たちまちに　二句…
三句…　四句…
結句《けっく》…

※「しゃ・しゅ・しょ」などの拗音《ようおん》は、一音に数える。

《短歌の形式》
五・七・五・七・七の五句三十一音が基本。それより音数が多いものを「字余り」、少ないものを「字足らず」といいます。
どんな情景や出来事がうたわれているかを読み取り、感動の中心をとらえましょう。

1 次の短歌を読んで、あとの問いに答えなさい。

1 つばくらめ空飛びわれは水泳ぐ一つ夕焼けの色に染《そ》まりて　馬場《ばば》あき子《こ》

(1) 音の数を数えて、漢数字で書きなさい。（各2点×5＝10点）

初句…□音　二句…□音　三句…□音
四句…□音　結句…□音

(2) 字余りになっているのは何句目ですか。（10点）

□句目

2
A 君ねむるあはれ《（ワ）》女の魂《たましひ（イ）》のなげいだされしうつくしさかな　前田夕暮《まえだゆうぐれ》
B 幾山河《いくやまかは（ワ）》越《こ》えさり行かば寂《さび》しさのはてなむ《（ン）》国ぞ今日も旅ゆく　若山牧水《わかやまぼくすい》

・字余りになっている歌を選び、A・Bの記号で答えなさい。（10点）

□

2 次の短歌を読んで、あとの問いに答えなさい。

海恋《こひ（イ）》し潮《しほ（オ）》の遠鳴りかぞへ《（エ）》ては少女《をとめ（オ）》となりし父母《ちちはは》の家

与謝野晶子《よさのあきこ》

〈通釈《つうしゃく》〉

ふるさとの海が恋しい。潮鳴りの音を数えるようにして少女となった、なつかしい父母の家よ。

(1) 歌の意味、調子の切れ目を「句切《くぎ》れ」といいます。この歌は何句切れですか。通釈《つうしゃく》を参考にして答えなさい。(10点)

〔初句の「海恋し」で意味、調子が切れているので、□句切れである。〕

(2) この歌に用いられている表現技法を次から一つ選び、記号で答えなさい。（歌が「父母《ちちはは》の家」で終わっていることに注意する。）(10点)

ア 倒置法《とうちほう》
イ 体言止め
ウ 擬人法《ぎじんほう》

□

3 次の二つの短歌を読んで、あとの問いに答えなさい。

A 春の鳥な鳴きそ鳴きそあかあかと外《と》の面《も》の草に日の入る夕《ゆふべ（ウ）》

北原白秋《きたはらはくしゅう》

〈通釈〉

春の鳥よ、鳴くな、鳴くな。あかあかと窓の外の草を染めて夕日が沈《しず》んでゆく夕方に。

B あかあかと一本の道とほ《（オ）》りたりたまきは《（ワ）》る*我《わ》が命《いのち》なりけり

斎藤茂吉《さいとうもきち》

＊たまきはる…「いのち」などにかかる枕詞《まくらことば》。

〈通釈〉

あかあかと太陽が照らす一本道が、遠くまで続いている。長いみちのりを歩まねばならない僕《ぼく》らの命のように。

（『日本の詩歌　8斎藤茂吉』中央公論社より）

(1) A・Bの短歌はそれぞれ何句切れですか。(各10点×2＝20点)

A〔□句切れ〕　B〔□句切れ〕

(2) 体言止めが使われている歌はどちらですか。記号で答えなさい。(10点)

□

3 短歌

基本問題②

得点　／100点

学習日　／　日

1 次の短歌を読んで、あとの問いに答えなさい。

①

A　彼岸《かのきし》に何をもとむるよひ《(イ)》闇《やみ》の最上川《もがみ》のうへ《(エ)》のひとつ蛍《ほたる》は
斎藤茂吉《さいとうもきち》

〈通釈《つうしゃく》〉

向こう岸に何を求めるというのか、夜に入って間もないころの最上川を飛んでゆく一匹《いっぴき》の蛍は。

B　砂原と空と寄合《よりあ》ふ《(ウ)》九十九里《くじゅうくり》の磯《いそ》行く人ら蟻《あり》のごとしも
伊藤左千夫《いとうさちお》

（『日本の詩歌　3正岡子規　伊藤左千夫　長塚節　高浜虚子　河東碧梧桐』中央公論社より）


〈通釈〉

砂原と空が一体になったような九十九里浜《はま》の雄大《ゆうだい》な自然を見ていると、磯を行き交《か》う人間は、まるで蟻のように小さなものだ。

・A・Bの短歌に用いられている表現技法として適切なものを次から一つずつ選び、記号で答えなさい。（各10点×2＝20点）

ア　体言止め
イ　倒置法《とうちほう》
ウ　直喩法《ちょくゆほう》
エ　反復法《はんぷくほう》（繰《く》り返《かえ》し法《ほう》）

A［　　］
B［　　］

②

くれなゐ《(イ)》の二尺《＊にしゃく》のびたる薔薇《ばら》の芽《め》の針やは《(ワ)》らかに春雨《はるさめ》のふる
正岡子規《まさおかしき》

〈通釈〉

赤い色の二尺くらいに伸《の》びた薔薇の新芽のやわらかな針のとげに、春雨がやさしく降っている。　＊二尺…約六十センチメートル。

・――線「やはらかに」は、一つの言葉で二つのもののやわらかな様子をよんでいます。それは何と何ですか。次の［　］にあてはまる言葉を短歌の中から書き抜《ぬ》きなさい。（各5点×2＝10点）

［薔薇の　　　］と、［　　　］が降る様子。

③

のど赤き玄鳥《つばくらめ》ふたつ屋梁《＊はり》にゐ《(イ)》て足乳根《たらちね》の母は死にたまふ《(モウ)》なり
斎藤茂吉《さいとうもきち》

〈通釈〉

見上げると、のどの毛の赤いつばめが二羽屋梁にとまっていて、その下で今、母が死んでゆかれるのだ。
＊屋梁…柱の上に横に渡《わた》した、屋根を支える木。梁《はり》。

・特定の語を修飾《しゅうしょく》する言葉を枕詞《まくらことば》（ふつうは五音）といいます。この歌で「母」を修飾する枕詞を書き抜きなさい。（10点）

［　　　　］

2 次の短歌を読んで、あとの問いに答えなさい。

いちはつの花咲《さ》きいでて我目《わがめ》には今年ばかりの春ゆかんとす　正岡子規《まさおかしき》

〈通釈《つうしゃく》〉
いちはつの花が咲きだして、私の目には今年限りの春がゆこうとしている。

(1) 春が過ぎようとしていることを、作者は何によって感じ取っていますか。短歌から六字で書き抜《ぬ》きなさい。（10点）

□□□□□□

(2) 重い病気であった作者は、来年の春まで生きられないことを自覚しています。そのことが最もよく表れた七字の言葉を短歌の中から書き抜きなさい。（10点）

□□□□□□□

(3) この歌は、何と何を重ね合わせてよまれていますか。最も適切なものを次から選び、記号で答えなさい。（10点）

ア 花の美しさと人生の美しさを重ね合わせている。
イ 花が開く様子と心が開く様子を重ね合わせている。
ウ 春の終わりと命の終わりを重ね合わせている。

□

3 次の短歌を読んで、あとの問いに答えなさい。

白鳥《しらとり》は哀《かな》しからずや空の青海のあを《（オ）》にも染まずただよふ《（ウ）》　若山牧水《わかやまぼくすい》

〈通釈〉

白鳥はかなしくないのだろうか。空の青さにも海のあおさにも染まらないで漂《ただよ》っているよ。

(1) この歌では、色の対比が鮮《あざ》やかに描《えが》かれています。何が対比されているかを考え、次の文の□にあてはまる言葉を書きなさい。（各4点×5＝20点）

〔□と□の□色と、□□の□色。〕

(2) この歌では、「白鳥《しらとり》」のどんな姿についてよんでいますか。それを説明した次の文の□にあてはまる言葉として最も適切なものをあとから選び、記号で答えなさい。（10点）

〔何物にも染まらないで漂《ただよ》っている白鳥の□な姿についてよんでいる。〕

ア まじめ
イ 孤独《こどく》
ウ 個性的

□

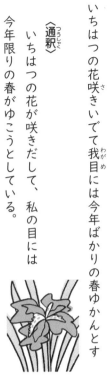

たしかめよう

完成問題①

得点　／100点

学習日　／　日

▼次の詩を読んで、下の問いに答えなさい。

虹《にじ》の足　　吉野弘《よしのひろし》

雨があがって
雲間から
乾麺《かんめん》みたいに真直《まっすぐ》な
陽射《ひざ》しがたくさん地上に刺《さ》さり
行手《ゆくて》に＊榛名《はるな》山が見えたころ
山路を登るバスの中で見たのだ、①虹の足を。
眼下にひろがる田圃《たんぼ》の上に
虹がそっと足を下ろしたのを！
野面《のづら》にすらりと足を置いて
虹のアーチが軽《かろ》やかに
すっくと空に立ったのを！
その虹の足の底に
小さな村といくつかの家が
すっぽり抱《だ》かれて染められていたのだ。

(1) この詩の種類として正しいものを次から一つ選び、記号で答えなさい。（10点）

ア　口語自由詩　　イ　口語定型詩
ウ　文語自由詩　　エ　文語定型詩

□

(2) この詩で使われていない表現技法を次から一つ選び、記号で答えなさい。（10点）

ア　体言止め　　イ　直喩法《ちょくゆほう》
ウ　擬人法《ぎじんほう》　　エ　倒置法《とうちほう》

□

(3) ――線①「虹《にじ》の足」とありますが、このときに見た虹の足について説明している部分は、どこからどこまでですか。行番号で答えなさい。（完答15点）

（□行目～□行目）

(4) ――線②「虹の足にさわろうとする人影は見えない」とありますが、なぜですか。最も適切なものを次から選び、記号で答えなさい。（15点）

ア　虹がどんなものか知らないから。
イ　虹にさわることはできないから。
ウ　虹が見えていないから。

□

それなのに
家から飛び出して②虹の足にさわろうとする人影は見えない。
――おーい、③君の家が虹の中にあるぞオ
④乗客たちは⑤頬《ほお》を火照《ほて》らせ
野面《のづら》に立った虹の足に見とれた。
多分、あれはバスの中の僕らには見えて
村の人々には見えないのだ。
そんなこともあるのだろう
他人には見えて
自分には見えない幸福の中で
格別驚きもせず
幸福に生きていることが――。

＊榛名山…群馬県中部にある山。
※1〜26は行番号を表します。

（平成28年度版　教育出版2年14・15ページ　吉野弘「虹の足」・『新選現代詩文庫121　新選吉野弘詩集』より）

(5) ――線③「君」④「乗客たち」とありますが、同じ人を表している言葉を詩の中から書き抜《ぬ》きなさい。（各10点×2＝20点）

③ □

④ □

(6) ――線⑤「頬《ほお》を火照《ほて》らせ」とありますが、このときの乗客たちの気持ちとして最も適切なものを次から選び、記号で答えなさい。（15点）

ア 怒《いか》り　**イ** 感動
ウ 安心　**エ** 戸惑《とまど》い

□

(7) この詩の主題をまとめた次の文の□にあてはまる言葉を詩の中から書き抜きなさい。（15点）

幸福とは、□ものである。

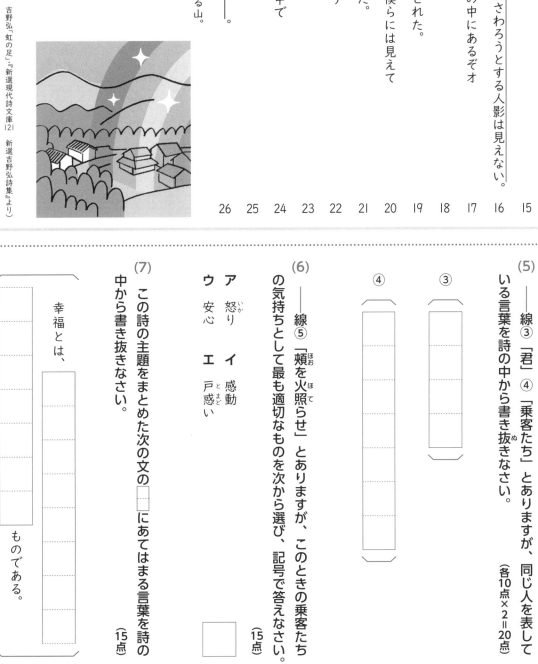

たしかめよう

完成問題②

得点
／100点

学習日
／　日

▼次の短歌を読んで、下の問いに答えなさい。

A　なにとなく君に待たるるここちして出《い》でし＊花野《はなの》の＊夕月夜《ゆふづくよ》かな　与謝野晶子《よさのあきこ》

＊花野…秋草が咲《さ》く野。　＊夕月夜…月の出ている夕方。

B　死に近き母に添《そ》ひ《(イ)》寝《ね》のしんしんと＊遠田《とほだ》の＊かはづ天に聞こゆる　斎藤茂吉《さいとうもきち》

＊遠田…遠くの田んぼ。　＊かはづ…かえる。

C　うすべにに葉はいちはやく＊萌《も》えいでて＊咲かむ《(ン)》とすなり山桜花《やまざくらばな》　若山牧水《わかやまぼくすい》

＊萌えいでて…芽を出そうとして。
＊咲かむとすなり…咲こうとしている。

D　やは《(ワ)》らかに柳《やなぎ》あを《(オ)》める
＊北上《きたかみ》の岸辺＊目に見ゆ
泣けとごとくに　石川啄木《いしかわたくぼく》

＊北上…岩手県の北上川。
＊目に見ゆ…目に浮《う》かんでくる。

(1)　字余《じあま》りの歌をA～Iから一つ選び、記号で答えなさい。（5点）

［　　］

(2)　C・D・Eの歌はそれぞれ何句切れですか。（各5点×3＝15点）

C（［　　］句切れ）　D（［　　］句切れ）　E（［　　］句切れ）

(3)　体言止めが用いられている歌を三つ探し、記号で答えなさい。（各5点×3＝15点）

［　　］・［　　］・［　　］

(4)　Aの歌で「花野《はなの》」に出かけたとありますが、それはなぜですか。最も適切なものを次から選び、記号で答えなさい。（10点）

ア　美しい月を眺《なが》めようと思ったから。
イ　「君」と会う約束をしていたから。
ウ　「君」が待っているような気がしたから。

［　　］

(5)　Bの歌から、添《そ》い寝《ね》をしている夜の静けさと遠くの田で鳴くかえるの声を同時に表している言葉を書き抜《ぬ》きなさい。（10点）

［　　　　］

E　みづうみ《(ズ)》の氷は解けてなほ《(オ)》寒し＊三日月の影《かげ》波に＊うつろふ《(ウ)》　島木赤彦《しまぎあかひこ》

＊三日月の影…三日月の光。
＊うつろふ…映っている。

F　草わかば色鉛筆《いろえんぴつ》の赤き粉《こ》のちるがいとしく寝て削《けず》るなり　北原白秋《きたはらはくしゅう》

G　ほんとうにおれのもんかよ冷蔵庫の卵置き場に落ちる涙《なみだ》は　穂村《ほむら》　弘《ひろし》

H　観覧車回れよ回れ想《おも》ひ《(イ)》出は君には一日《ひとひ》我《われ》には一生《ひとよ》　栗木京子《くりききょうこ》

I　「寒いね」と話しかければ「寒いね」と答える人のいるあたたかさ　俵《たわら》　万智《まち》

---

(6) **次の鑑賞文《かんしょう》は、それぞれA～Iのどの歌について述べたものですか。一つずつ選び、記号で答えなさい。**　**（各5点×9＝45点）**

① 人とのつながりによるぬくもり、そのうれしさを感じさせる。
② 色の対照が鮮《あざ》やかで、青年期の感傷をきわだたせている。
③ 遠く離《はな》れた場所にいて、故郷をなつかしんでいる。
④ いまにも咲《さ》こうとする花の命の美しさをよんでいる。
⑤ 早春の、まだ厳しい寒さが感じられる情景を描《えが》いている。
⑥ 対句《ついく》を使って、恋《こい》の楽しさと切なさを表している。
⑦ 恋へのあこがれが、美しい夕方の情景と調和している。
⑧ 自分の気持ちとは裏腹な思いがけない出来事に驚《おどろ》く作者の心情をよんでいる。
⑨ 生命感あふれるものとの対照が、かえって人の命のはかなさを感じさせる。

①［　］　②［　］　③［　］　④［　］　⑤［　］
⑥［　］　⑦［　］　⑧［　］　⑨［　］

書いてみよう

A～Iの中から好きな短歌を一つ選び、それについて思ったこと、感じたことを、七十字以内で書いてみよう。

1 歴史的仮名遣い

基本問題①

得点
／100点

学習日
／ 日

確認

★ 次の歴史的仮名遣《かなづか》いを現代仮名遣いに直して書きなさい。（各3点×4＝12点）

① いふ（言ふ）→ い
② かひ（貝）→ か
③ あを（青）→ あ
④ ゐなか（田舎）→ 　なか

《歴史的仮名遣いを現代仮名遣いに直すときのルール》

・語頭と助詞（「わたしは」の「は」など）以外の「は・ひ・ふ・へ・ほ」は、「わ・い・う・え・お」に直す。
例 かほ（顔）→かお
・「ゐ・ゑ・を」は、「い・え・お」に直す。（ただし、助詞の「を」はそのままで直さない。）
例 ゑし（絵師）→えし
このほかの方法もあとの問題で理解しましょう。

1 確認 の方法にならって、次の古語を現代仮名遣いに直しなさい。（各4点×10＝40点）

① かは（川）→ か
② いへ（家）→
③ しほ（塩）→
④ やまひ（病）→
⑤ おもふ（思ふ）→
⑥ とほる（通る）→
⑦ わざはひ（災ひ）→
⑧ ゐる（居る）→
⑨ こゑ（声）→
⑩ をる（折る）→

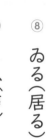

2 次の例にならって、あとの古語を現代仮《か》名《な》遣《づか》いに直しなさい。（各4点×2＝8点）

・歴史的仮名遣いの「ぢ・づ」は、現代仮名遣いでは「じ・ず」に直すことが多い。 例 いづみ（泉）→いずみ

① はぢ（恥）→

② あづき（小豆）→

3 次の例にならって、あとの古語を現代仮名遣いに直しなさい。（各5点×2＝10点）

・歴史的仮名遣いの「くわ・ぐわ」は、現代仮名遣いでは「か・が」に直す。 例 くわし（菓子）→かし

① ぐわんにち（元日）→

② ほんぐわん（本願）→

4 次の例にならって、あとの古語を現代仮名遣いに直しなさい。（5点）

・「つ・や・よ」は、小さい「っ・ゃ・ょ」に直す場合がある。

例 しやら（沙羅）→しゃら

あつぱれ →

5 次の例にならって、あとの古語を現代仮名遣いに直しなさい。（各5点×3＝15点）

・母音が連続して長くのばす音を表す場合は、次のように直す。
・[au]→[ô]（「オー」と読む。）
・[iu]→[yû]（「ユー」と読む。）
・[eu]→[yô]（「ヨー」と読む。）

例 やうす（様子）「yausu」→ようす「yôsu」
しうとめ「siutome」→しゅうとめ「syûtome」
せうと（兄人）「seuto」→しょうと「syôto」

① まうす（申す）→

② きうと（旧都）→

③ けふ（今日）→

6 次の例にならって、あとの古語を現代仮名遣いに直しなさい。（各5点×2＝10点）

・「なむ・けむ・らむ」などの「む」は、「ん」に直す。

例 雨降りなむ→雨降りなん

① 歌詠《よ》みけむ →

② 月照るらむ →

1 歴史的仮名遣い

基本問題②

得点
／100点

学習日
／ 日

次の——線部を現代仮名遣《かなづか》いに直し、すべてひらがなで書きなさい。（❶〜❻各5点×14＝70点　❼各6点×5＝30点）

❶ たけき者も①つひには滅《ほろ》びぬ、②ひとへに風の前の塵《ちり》に同じ。

（「平家物語」巻一より）

① つひ →

② ひとへ →

❷ ①わづかに二つの矢、師の前にて一つをおろかにせんと②思《おも》はんや。

（兼好法師「徒然草」第九二段より）

① わづか →

② 思《おも》はん →

❸ つれづれなるままに、日暮らし、硯《すずり》に向かひて、心にうつりゆくよしなしごとを、そこはかとなく書きつくれば、①あやしうこそ②ものぐるほしけれ。

（兼好法師「徒然草」序段より）

① あやしう →

※「しう（siu）」は、「i」と「u」という母音が連続することから「シュー（syū）」とのばして読む。それを現代仮名遣いで表す。

② ものぐるほしけれ →

❹ 月のいと明《あか》きに、川を渡《わた》れば、牛の歩むままに、水晶《すいしやう》などの割れたる①やうに、水の散りたるこそ、②をかしけれ。

（清少納言「枕草子」第二一六段より）

① やうに →

② をかしけれ →

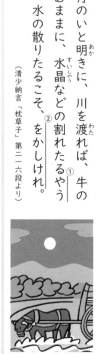

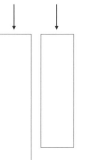

5

与一《よいち》、かぶらを①取つて②つがひ、③よつぴいて④ひやうど放つ。

（「平家物語」巻十一より）

① 取《と》つて →

※促音《そくおん》や拗音《ようおん》で読む「つ・や・よ」は、現代仮名遣いでは小さく「っ・ゃ・ょ」と書く。

② つがひ →

③ よつぴいて →

④ ひやうど →

※「やう（yau）」は、「a」と「u」という母音が連続するので「ヨー（yô）」とのばして読む。それを現代仮名遣いで表す。

6

野山にまじりて竹を取りつつ、①よろづのことに使ひけり。名をば、さぬきのみやつこと②なむいひける。

（「竹取物語」より）

① よろづ →

② なむ →

7

ころは①二月《にんぐわつ》十八日の酉《とり》の刻ばかりのことなるに、②をりふし北風《ほくふう》激しくて、磯《いそ》打つ波も高かりけり。舟《ふね》は、揺《ゆ》り上げ③揺《ゆ》りすゑ④漂《ただよ》へば、⑤扇《あふぎ》もくしに定まらずひらめいたり。

（「平家物語」巻十一より）

① 二月《にんぐわつ》 →

② をりふし →

③ 揺《ゆ》りすゑ →

④ 漂《ただよ》へば →

⑤ 扇《あふぎ》 →

※「ふ」は、「は行」だから「う」となる。「あう（au）」は、「a」と「u」という母音が連続するので「オー（ô）」とのばして読む。それを現代仮名遣いで表す。

② 重要古語と内容の理解

基本問題①

得点
／100点

学習日
／日

確認

★ **次の古文と現代語訳を読み、あとの[　]にあてはまる言葉を書き抜《ぬ》いて、古語についてまとめなさい。**（各10点×4＝40点）

月の いと明《あか》きに、川を渡《わた》れば、牛の歩むままに、水晶《すいしやう》などの割れたるやうに、水の散りたるこそ、をかしけれ。

《現代語訳》
月がとても明るい夜に、川を渡ると、牛が歩むにつれて、水晶などが割れたように、水のしぶきが散っているのはすばらしい。

（清少納言「枕草子」第二一六段より）

古語の意味

「いと」は、「[　]」、「をかしけれ（基本形は『をかし』）」は「[　]」の意味である。このように、古語には、古文だけに用いられる語や、現代の語とは意味の異なるものがある。

助詞の意味

「月の」は「[　]」という意味で、この「の」は、主語を示す働きをする。

古文特有の表現（係り結び）

「こそ」（強調の意味を表す助詞）がくると、文の終わりは終止形の「をかし」ではなく、已然形《いぜんけい》（古語特有の活用形）の「[　]」となる。

！《古文を読むときの注意点》

・古文だけに用いられる語や、現代とは意味の異なる語に注意する。
・助詞の意味に注意する。
例 雪の降りたる朝（雪が降っている朝）
・古文特有の表現に注意する。（係り結びの法則）

[係りの助詞] [結びの語の活用形]
ぞ・なむ・や・か ――→ 連体形 例 花ぞ……にほひける。
こそ ――→ 已然形《いぜんけい》 例 花こそ……にほひけれ。

※助動詞「けり」の連体形は「ける」、已然形は「けれ」。

1 次の古文と現代語訳を読んで、――線部の古語の意味を、現代語訳の中から書き抜《ぬ》きなさい。（各10点×4＝40点）

丹波《たんば》に出雲《いづも》といふ所あり。大社《おほやしろ》を移して、①めでたく造れり。しだのなにがしとかや、知る所なれば、秋のころ、聖海上人《しやうかいしやうにん》、そのほかも、人②あまた誘《さそ》ひて、「いざたまへ、出雲拝みに。かいもちひ召《め》させん。」③とて、具しもていきたるに、おのおの拝みて、④ゆゆしく信おこしたり。

《現代語訳》

丹波に出雲という所がある。出雲大社の神を分け移してりっぱに造ってある。

しだのなんとかという人が治めていたので、秋のころ、聖海上人や、そのほかにも人をおおぜい誘って、「さあ、まいりましょう、出雲神社の参拝に。ぼたもちをごちそうしましょう。」と言って、引き連れて行ったところ、それぞれ参拝して、たいそう信心をおこした。

（兼好法師「徒然草」第二三六段より）

① めでたく ［　　］

② あまた ［　　］

③ とて ［　　］

④ ゆゆしく ［　　］

2 次の文章を読んで、あとの問いに答えなさい。（各10点×2＝20点）

折節《をりふし》の移りかはるこそ、ものごとにあはれなれ。

（兼好法師「徒然草」第十九段より）

現代語訳は、「季節の移り変わるのは、何事につけても［　　］。」となる。現代語の「あはれ」は、かわいそうな様子、みじめな様子に対して使われる言葉であるが、古語の「あはれなり」は、しみじみとした感動を表すときに使われることが多い。

また、文末が、「あはれなり」という終止形でなく、「あはれなれ」という已然形《いぜん》となっているのは、前に強調の「こそ」という助詞があるからである。

(1) ［　　］にあてはまる言葉を、あとの［　　］から選んで書きなさい。

〔　　〕

かわいそうだ・おもむき深いものだ・用心が必要だ

(2) ――線「こそ……あはれなれ」のような結びつきのきまりを何といいますか。あとの［　　］から選んで書きなさい。

〔　　〕

対句《ついく》・体言止め・係り結び

2 重要古語と内容の理解

基本問題②

得点　　／100点

学習日　　／　　日

1 次の古文と現代語訳を読んで、下の問いに答えなさい。（各8点×5＝40点）

①ある人、弓射ることを習ふに、もろ矢をたばさみて的に向かふ。師のいはく、「初心の人、二つの矢を持つことなかれ。後の矢を頼《たの》みて、はじめの矢に②なほざりの心あり。毎度ただ得失《とくしつ》なく、この一矢《ひとや》に定むべしと思へ。」といふ。

《現代語訳》

ある人□、弓□射ることを習うのに、二つの矢を手にはさんで的に向かう。師□言うには、

「習いはじめ□人は、二つの矢を持ってはならない。二本目□矢をあてにして、初め□矢にいいかげんな気持ちが出る。毎度ただ失敗することなく、この一本の矢で事を決しようと思え。」

と言う。

（兼好法師「徒然草」第九二段より）

(1) ――線①「ある人、弓射ることを習ふ」について説明した次の文の□に、あてはまる言葉をあとの□から選んで書きなさい。

「ある人」は、動作主（主語）なので、「ある人」のあとには、「□」が補える。また、「弓」と「射る」の間には「□」が補える。このように古文では、助詞（「て・に・を・は」など）が省略されることが多い。

が・に・を

（　　　　）

(2) 〰線a〜dの「の」について説明した次の文の□に、あてはまる言葉をあとの□から選んで書きなさい。

〰線a「の」は、動作主（主語）を示す「□」の意味で、ほかのb〜dは、そのまま「□」の意味となる。

が・の・で

（　　　　）

(3) ――線②「なほざりの心」の意味を現代語訳の中から書き抜《ぬ》きなさい。

（　　　　）

2 次の古文と現代語訳を読んで、下の問いに答えなさい。

（聖海上人《しょうかいしょうにん》はじめ、みなで丹波《たんば》の出雲《いずも》神社に行ったときのことである。（要約））

御前《おまへ》なる獅子《しし》・狛犬《こまいぬ》、背《そむ》きて、後ろさまに立ちたりければ、上人《しやうにん》いみじく感じて、[a]「あなめでたや。この獅子の立ちやう、いとめづらし。深き故《ゆゑ》あらん。」と①涙《なみだ》ぐみて、[b]「いかに殿《との》ばら、殊《しゅ》勝《しょう》のことは御覧《ごらん》じとがめずや。むげなり。」と言へば、おのおの怪《あや》しみて、[c]「まことに他に異なりけり。都のつとに語らん。」など言ふに、上人なほゆかしがりて、おとなしく物知りぬべき顔したる神官《じんぐわん》を呼びて、[d]「この御社《みやしろ》の獅子の立てられやう、定めてならひあることにはべらん。ちと承《うけたまは》らばや。」と言はれければ、[e]「そのことに候《さうら》ふ。さがなきわらはべどものつかまつりける、奇怪《きかい》に候ふことなり。」とて、さし寄りて、据《す》ゑ直《なほ》して去《い》にければ、②上人の感涙《かんるい》いたづらになりにけり。

（兼好法師「徒然草」第二三六段より）

《現代語訳》

出雲大社の社前にある獅子と狛犬の像が、背中を向け合って、後ろ向きに立っていたので、上人は大変感激し、「ああすばらしい。この獅子の立ち方は、非常に珍《めずら》しい。深いわけがあるのだろう。」と涙ぐんで、「なんとみなさん、このようなすばらしいことをお目にとめないのですか。あまりにひどい。」と言うので、人々も不思議に思って、「本当に他のものと違《ちが》っている。都への土産《みやげ》話にしましょう。」などと言うので、上人はいっそうわけを知りたがって、年配で物をわかっていそうな顔の神官を呼び、「この神社の獅子の立てられ方は、きっと由《ゆい》緒《しょ》のあることでございましょう。少々うかがいたいものです。」とおっしゃると「そのことなのでございます。いたずらな子どもたちがいたしましたことで、けしからぬことでございます。」と言って、そばに寄り、置き直して去っていったので、上人の感涙は無意味になってしまった。

---

(1) a〜eの会話文は、それぞれだれの会話ですか。あとから選び、記号で答えなさい。（各4点×5＝20点）

a □　b □　c □

d □　e □

ア 上人《しょうにん》（聖海上人《しょうかいしょうにん》）　イ 人々　ウ 神官《じんがん》

(2) ――線①「涙《なみだ》ぐみて」とありますが、上人が涙ぐんだのはなぜですか。次の□にあてはまる言葉を、現代語訳を参考にして書きなさい。（各5点×4＝20点）

社前の□と□の像が、□、後ろ向きに立っている姿に、たいそう□したから。

(3) ――線②「上人の感涙《かんるい》いたづらになりにけり」の理由として最も適切なものを次から選び、記号で答えなさい。（20点）

ア 上人が感激したことは、一般《いっぱん》的によく行うことだったから。
イ 上人が感激したことに、神官は風情《ふぜい》を認めなかったから。
ウ 上人が感激したことは、実は子どものいたずらだったから。

□

2 重要古語と内容の理解

標準問題

得点 ／100点

学習日 ／ 日

1 次の古文と現代語訳を読んで、下の問いに答えなさい。

神無月《かみなづき》の(a)ころ、栗栖野《くるすの》といふ所を過ぎて、ある山里にたづね入《い》ることはべりしに、はるかなる苔《こけ》の細道を踏《ふ》み分けて、心細く住みなしたるいほりあり。木《こ》の葉《は》にうづもるるかけひ＊の(b)しづくならでは、①つゆおとなふものなし。閼伽棚《あかだな》＊に菊《きく》・紅葉《もみぢ》など折り散らしたる、さすがに住む人の(c)あればなるべし。

かくてもあられけるよ、と②あはれに見るほどに、かなたの(d)庭に、大きなる柑子《かうじ》の木の、枝もたわわになりたるがまはりをきびしく囲ひたりしこそ、③少しことさめて、この木なからましかば、と覚えしか。

＊かけひ…水を流すために、竹などを地上にかけ渡《わた》した樋《とい》。

＊閼伽棚…仏に供える水や花などを置く棚。

《現代語訳》

旧暦《きゅうれき》十月□ころ、栗栖野という所を過ぎて、ある山里に人をたずねて入ることがございましたが、ずっと遠くまで続いている苔の生えた細道を踏み分けて、もの寂《さび》しい様子で住んでいる家があった。落ち葉に埋《う》もれているかけい□滴《しずく》のほかには、□。閼伽棚に菊や紅葉などを折り散らしてあるのは、やはり住む人□いるからだろう。

このようでも暮らせるのだなあと、□見ていると、向こう□庭に、大きなみかんの木で、枝もたわむほどに実をつけているのが、その周りを厳重に囲ってあるのは、少し興ざめして、この木がなかったらよかったのにと感じられた。

（兼好法師「徒然草」第十一段より）

(1) 〰〰線a～dの「の」の中で、主語を表すものを一つ選び、記号で答えなさい。（現代語訳の□に、「の」と「が」のどちらが入るかを考える。） （15点）

□

(2) ――線①「つゆおとなふものなし」、②「あはれに」の語句の意味として最も適切なものを次から選び、記号で答えなさい。 （各10点×2＝20点）

①
- ア 動いているものは何もない
- イ 音を立て訪ねるものが全くない
- ウ それほど音を立てるものではない

□

②
- ア しみじみと心打たれて
- イ かわいそうに思って
- ウ 不思議に感じて

□

(3) ――線③「少しことさめて」とありますが、その理由として適切なものを次から選び、記号で答えなさい。 （15点）

- ア たくさん実ったみかんの木は、いおりのわびしさと不つりあいだったから。
- イ みかんの木の周りにさくがあることで、趣《おもむき》がなくなってしまったから。

□

2 次の古文と現代語訳を読んで、下の問いに答えなさい。

①仁和寺《にんなじ》にある法師、年寄るまで＊石清水《いはしみづ》を拝まざりければ、心うく覚えて、あるとき思ひたちて、ただ一人、かちより、詣《まう》でけり。＊極楽寺《ごくらくじ》・高良《かうら》などを拝みて、かばかりと心得て帰りにけり。

さて、かたへの人にあひて、

「年ごろ思ひつること、果たしはべりぬ。聞きしにも過ぎて、尊《たふと》くこそおはしけれ。そも、参りたる人ごとに山へ登りしは、何事かありけん、ゆかしかりしかど、神へ参るこそ本意《ほい》なれと思ひて、山までは見ず。」とぞ言ひ②ける。

少しのことにも、先達《せんだち》はあらまほしきことなり。

＊石清水…石清水八幡宮《はちまんぐう》のこと。京都府八幡《やわた》市の男山《おとこやま》の山の上にある。

＊極楽寺・高良…石清水八幡宮の付属の寺社。男山のふもとにある。

《現代語訳》

仁和寺にいたある僧《そう》□、年をとるまで石清水八幡宮を拝んだことがなかったので、残念なことに思われて、ある時思い立って、ただ一人徒歩で参詣《さんけい》した。極楽寺・高良などを拝んで、これだけのものと思い込んで帰ってきた。

そして、仲間に向かって、「長年の間思っていたことを果たしました。話に聞いていた以上に尊くございました。それにしても、参詣の人たちがみな山に登っていたのは、何かあったのでしょうか。知りたかったけれど、神にお参りするのが本来の目的であると思って、山までは見ませんでした。」と言った。

ちょっとしたことにも案内者はあってほしいものである。

（兼好法師「徒然草」第五二段より）

(1) ——線①「仁和寺《にんなじ》にある法師、年寄るまで」を現代語訳にしたとき、現代語訳の□にはどんなひらがなが入りますか。最も適切なものを次から選び、記号で答えなさい。（10点）

ア が

イ に

ウ と

(2) ——線②「ける」について説明した次の文章の□にあてはまる言葉を古文から書き抜きなさい。（各5点×2＝10点）

——線②の終止形は「けり」だが、「□」があることによって連体形の「□」にかわり、法師の言ったことが強調されている。このようなきまりを「係り結び」という。

(3) 仁和寺の法師の行動を説明したものとして正しいものを一つ選び、記号で答えなさい。（15点）

ア 極楽寺《ごくらくじ》・高良《こうら》を拝んで、石清水《いわしみず》を拝んだつもりでいた。

イ 山に登って、念願の石清水を拝んだ。

ウ 念願の極楽寺・高良を拝んで満足した。

(4) 作者の感想が述べられた一文を古文から探し、初めの五字を書き抜きなさい。（15点）

3 漢文

基本問題①

得点 ／100点

学習日 ／ 日

確認

★ 次の漢文を参考に、あとの□に文字を書いて「書き下し文（漢文を日本語に直した文）の書き方」を完成させなさい。（完答各5点×2＝10点）

登ル㆓高キ山㆒ニ

書き下し文の書き方

(1) 左下に「二」のついた字を飛ばし、「一」のついた字まで上から順に読んだあと、「二」のついた字に返って読む。

〔 高 キ □ ニ □ ル 〕

(2) 漢字の右下のカタカナをひらがなに直す。

〔 高 □ 山 □ 登 □ 〕 ⇧書き下し文

！《漢文の読み方（書き下し文の書き方）》

●漢字の左下についた符号《ふごう》（返り点）にしたがって読む。

・レ点…「レ」のついた字の下から一字返って読む。

・一・二点…二字以上をへだてて上に返って読む。

●漢字の右下についたカタカナ（送り仮名《がな》）はひらがなに直す。

・「不《ず》」「可《べ》し」などは「ず」「べし」のようにひらがなで書く。

●読まない字（「於」「而」など）は書かない。

1 次のA～Cの漢文の書き下し文を完成させなさい。（完答各10点×3＝30点）

A 読ㇾム書ヲ。

B 学㆓ブ漢文㆒ニ。

C 従㆓フ天ノ所㆒ㆬニ命ズル。

(1) A 〔 書 を □ 。 〕

※レ点があるので下から上に返って読む。カタカナで書かれた送り仮名はひらがなに直す。

(2) B 〔 □ に □ 。 〕

(3) C 〔 天 の □ 所に □ 。 〕

※返り点のついていない字を読んだあと、レ点にしたがって一字返って読んだあとに二点がついた字を読む。

2 次の漢文を読んで、あとの問いに答えなさい。（各10点×3＝30点）

A
＊子《し》曰《いハク》、「徳《とく》不《ず》レ孤《こナラ》。必《かならズ》有《ありト》レ隣《となり》。」
《現代語訳》先生が言われるには、「徳のある人は孤立《こりつ》しない。必ず共鳴者《きょうめいしゃ》がいる。」と。
（「里仁」・『論語』より）

B
子《し》曰《いハク》、「君《くん》子《しハ》求《もとム》二諸《これヲ》己《おのれニ》一。小《せう》人《じんハ》求《もとムトこれヲ》二諸《これヲ》人《ひとニ》一。」
《現代語訳》先生が言われるには、「君子は何事もわが身に責任を求めるが、小人はすべて他人に責任を求めるものだ。」と。
（「衛霊公」・『論語』より）

C
己《おのれノ》所《ところ》レ不《ざル》レ欲《ほつセ》、勿《なカレ》レ施《ほどこスコト》二於人《ひとニ》一。
《現代語訳》自分がしてもらいたくないことを、人にしてはいけない。
（「顔淵」・『論語』より）

＊子…「論語」では孔子《こうし》を指す。孔子は中国の思想家。

(1) Aの漢文の――線部を書き下し文に直しなさい。ただし、「不《ず》」はひらがなで書きます。

〔　　　　〕

(2) Bの漢文の――線部を書き下し文に直しなさい。

〔　　　　〕

(3) Cの漢文を書き下し文に直しなさい。ただし、「不《ざル》」「勿《なカレ》」はひらがなで書き、「於」は読まない字なので書きません。

〔　　　　〕

3 次の漢文と書き下し文と現代語訳を読んで、あとの問いに答えなさい。（各10点×3＝30点）

子曰《ハク》、「学而《ビテ》不《ざレバ》思《ハ》則《チ》罔《シ》。思而《ヒテ》不《ざレバ》レ学《バ》則《チ》殆《シト》。」

《書き下し文》
子曰《しい》はく、「学《まな》びて思《おも》はざれば則《すなは》ち罔《くら》し。思ひて学ばざれば則ち殆《あやふ》し。」と。

《現代語訳》
先生が言われるには、「学ぶだけで自分の頭で思索《しさく》しなければ、道理をつかめずものにならない。思索することだけで学ぶことをしないと、独断に陥《おちい》って危険である。」と。
（為政『論語』より）

(1) 書き下し文を参考にして、――線「学而《ビテ》不《ざレバ》思《ハ》則《チ》罔《シ》。」に返り点をつけなさい。ただし、「而」は読まない字です。

〔学而《ビテ》不《ざレバ》思《ハ》則《チ》罔《シ》。〕

(2) 「学」と対照的に使われている言葉を漢字一字で書きなさい。

□

(3) 学問にはどういったことが大切だと述べられていますか。最も適切なものを次から選び、記号で答えなさい。

ア 読書したり、先生の話を聞いて学ぶことが大切である。
イ 自分の頭で深く考えることが大切である。
ウ 学ぶことと考えることの両方が大切である。

□

4 漢詩

基本問題①

得点
／100点

学習日
／ 日

確認

★ 次の漢詩や現代語訳を読んで、あとの□にあてはまる言葉を書いて、漢詩についてまとめなさい。（各8点×5＝40点）

絶句《ぜっく》　杜甫《とほ》

（起句）江ハ碧ニシテ鳥ハ逾ヨ白ク
（承句）山ハ青クシテ花ハ欲レス然エント
（転句）今春看ス又過グ
（結句）何レノ日カ是レ帰ル年ゾ

《書き下し文》
江《かう》は碧《みどり》にして鳥は逾《いよい》よ白く
山は青くして花は然《も》えんと欲《ほっ》す
今春《いま》看《みすみす》又《また》過ぐ
何《いづ》れの日か是《こ》れ帰る年ぞ

《現代語訳》
川はみどり色で、鳥はいっそう白く見える。
山は青々として、花は燃えるように赤い。
今年の春もあれよあれよという間に過ぎ去っていく。
いったいいつになったら故郷へ帰れるのだろうか。

漢詩の形式

この漢詩は、□句（行）で構成されているので絶句《ぜっく》である。
また、一句が□言《ごん》（文字）からなるので□□□□である。

漢詩特有の表現

漢詩では、句の終わりに同じ音または似た音の漢字を置く。これを「押韻《おういん》」あるいは「韻をふむ」という。この漢詩では、「□」（zen）と「□」（nen）の字が同じ音で韻をふんでいる。
※五言詩では偶数《ぐうすう》句末で、七言詩では一句と偶数句末で韻をふむのが原則。

！

《漢詩の形式》
・五言絶句《ごごんぜっく》…一句が五言で四句からなる詩。
・七言絶句《しちごん》…一句が七言で四句からなる詩。
・五言律詩《ごごんりっし》…一句が五言で八句からなる詩。
・七言律詩…一句が七言で八句からなる詩。

1 次の漢詩と現代語訳を読んで、あとの問いに答えなさい。

春暁《しゆんげう》　孟浩然《まうかうねん》

春 眠 不《ず》レ 覚エレ 暁ヲ
処 処 聞ク二 啼 鳥ヲ一
夜 来 風 雨ノ 声
花 落ツルコト 知ル 多 少

《書き下し文》
春眠暁《しゆんみんあかつき》を覚《おぼ》えず
処処啼鳥《しよしよていてう》を聞《き》く
夜来風雨の声
花落つること知る多少

《現代語訳》
春のここちよい眠《ねむ》りに夜が明けたのも気づかない。
あちらこちらで小鳥がさえずる声が聞こえてくる。
昨夜は風や雨の音がしていたが、
花が散ったのがどれほどかわからない。

(1) この漢詩の形式を次から選び、記号で答えなさい。(10点)

ア 五言絶句《ごごんぜっく》　イ 七言《しちごん》絶句
ウ 五言律詩《りっし》　エ 七言律詩

(2) この漢詩で韻《いん》をふんでいるのは、一句末の「暁《ギョウ》」と何と何ですか。句末の漢字を二つ探して書き抜《ぬ》きなさい。(完答10点)

※「暁《ギョウ》」と音が似ている字を二つ探す。

(3) この漢詩に描《えが》かれていることとして適切なものを次から選び、記号で答えなさい。(10点)

ア のどかな春の風情《ふぜい》と気分。
イ 雨や風で散った花を惜《お》しむ気持ち。

2 次の漢詩と現代語訳を読んで、あとの問いに答えなさい。

黄鶴楼《くわうかくろう》にて、孟浩然《まうかうねん》の広陵《くわうりよう》に之《ゆ》くを送る　李白《りはく》

故 人 西ノカタ 辞シ二 黄 鶴 楼ヲ一
煙 花 三 月 下ル二 揚 州ニ一
孤 帆ノ 遠 影 碧 空ニ 尽キ
唯ダ 見ル 長 江ノ 天 際ニ 流ルルヲ

《書き下し文》
故人西のかた黄鶴楼を辞《じ》し
煙花《えんくわ》三月揚州《やうしう》に下る
孤帆《こはん》の遠影碧空《ゑんえいへきくう》に尽《つ》き
唯《た》だ見る長江《ちやうかう》の天際に流るるを

《現代語訳》
旧友の孟浩然は西にあるこの黄鶴楼に別れを告げて
花がすみの春三月に揚州へと舟《ふね》で下ってゆく。
ぽつんと一つ浮《う》かんだ舟の姿は青空の中に尽きてしまい
あとはただ揚子江《ようすこう》が天の果てまで流れていくのを見るばかり。

(1) この漢詩の形式を次から選び、記号で答えなさい。(10点)

ア 五言絶句　イ 七言絶句
ウ 五言律詩　エ 七言律詩

(2) 韻《いん》をふんでいる句末の漢字を三つ探して、書き抜《ぬ》きなさい。(完答10点)

※「楼《ロウ》・州《シュウ》・尽《ジン》・流《リュウ》」と音読みしてみて、音が似ている漢字を三つ探す。

(3) この漢詩に描かれていることとして適切なものを次から選び、記号で答えなさい。(10点)

ア 旅へのあこがれ。
イ 別離《べつり》の悲しみ。

たしかめよう

完成問題①

得点

／100点

学習日

／ 日

1 次の文章を読んで、下の問いに答えなさい。

高名《かうみやう》《名高い》の木登りと言ひし《言った》aをのこ《男》、人をおきてて《指図して》、高き木に登せ《登らせて》てbこずゑを切らせしに《切らせた時に》、①いと危《あや》ふく見えしほどは言ふこともなくて、降るる時《降りる時》に、軒丈《のきたけ》《軒の高さぐらい》ばかりになりて、

②「過《あやま》ちすな。心して降りよ。」

と言葉をかけはべりしを《ましたので》、

「かばかり《これくらい》になりては、飛び降るとも降りなん《降りられるだろう》。いかにかく《どうしてこのように》言ふぞ。」

と申しはべりしかば、

「そのことに候《さうら》ふ《ございます》。目くるめき、枝危ふきほどは、己《おの》が恐《おそ》れはべれば申さず。過ちは、やすきところになりて、必ずつかまつ《いたす》ることに候ふ。」③と言ふ。

あやしき下臈《げらふ》《身分の低い者》なれども、聖人の戒《いまし》めにかなへり《ぴったりあう》。鞠《まり》も、難《かた》《難しい》きところを蹴出《けいだ》して後、やすく思へば必ず落つ、とはべるやらん《言われておりますようです》。

（兼好法師「徒然草」第一〇九段より）

(1) 〰〰線a・bを現代仮名遣《かなづか》いに直しなさい。（各8点×2＝16点）

a をのこ…

b こずゑ…

(2) ――線①「いと」の意味として最も適切なものを次から選び、記号で答えなさい。（10点）

ア わずかに

イ どことなく

ウ とても

(3) ――線②「過《あやま》ちすな。心して降りよ。」と、名高い木登り名人が人に声をかけたのはなぜですか。最も適切なものを次から選び、記号で答えなさい。（12点）

ア 非常に高い所に登っていたから。

イ 低い所でも飛び降りるのは危険だから。

ウ 失敗は簡単な所になってするものだから。

(4) ――線③「と言ふ」とありますが、直前の言葉「そのことに……つかまつることに候《さうら》ふ。」と言ったのはだれですか。適切なものを次から選び、記号で答えなさい。（12点）

ア 高名《こうみょう》の木登り（人を木に登らせた人物。）

イ 人（木に登った人物。）

2 次の文章を読んで、下の問いに答えなさい。

春はあけぼの。aやうやう《だんだんと》白くなりゆく山ぎは《空の山に接している部分》、すこしあかりて、紫《むらさき》だちたる《紫がかった》雲のほそくたなびきたる《たなびいている》。

夏は夜。月アのころはさらなり《いうまでもない》、やみもbなほ《やはり》、蛍《ほたる》イの多く飛び《飛んで》ちがひたる。また、ただ一つ二つなど、ほのかにうち光りて行くも《いる》をかし。雨など降るもをかし。

秋は夕暮れ。夕日ウのさして山の端《は》《山の空に接する部分》いとちかうなりたるに、からすエの寝所《ねどころ》へ行くとて、三つ四つ、二つ三つなど飛び急ぐさへあはれなり《おもむきがある》。まいて《まして》かりなどの連ねたるが《列をなして飛んでいるのが》、いと小さく見ゆるは、いとをかし。日入《い》り果てて《すっかり沈んで》、風の音、虫の音《ね》など、はた《また》いふべきにあらず《言いようもない》。

冬はつとめて《早朝》。雪の降りたるは《降り積もっているのは》言ふべきにもあらず、霜《しも》のいと白きも、またさらでも《そうでなくても》いと寒きに、火など急ぎおこして、炭持て渡る《わた》も《炭をもって運ぶさまも》、いとつきづきし《似つかわしい》。昼になりて、ぬるくゆるびもていけば《だんだんゆるんでいくと》、火《ひ》をけの火も、白き灰がちになりてわろし《よくない》。

（清少納言「枕草子」第一段より）

(1) 〰線a・bを現代仮名遣《かなづか》いに直しなさい。（各8点×2＝16点）

a やうやう

b なほ

(2) ‖線ア〜エの「の」の中で、意味の異なるものを一つ選び、記号で答えなさい。（10点）

(3) ──線「をかし」の意味として最も適切なものを次から選び、記号で答えなさい。（12点）

ア こっけいである。 イ 不思議である。

ウ 風情《ふぜい》がある。

(4) 上の文章の説明としてあてはまらないものを次から一つ選び、記号で答えなさい。（12点）

ア 春は、夜明け方の山ぎわの空が美しいと述べている。

イ 夏の段では、やみと光の対照を意識して述べている。

ウ 秋の段では、視覚から聴覚《ちょうかく》へと変化させて述べている。

エ 冬は、雪より霜《しも》の景色が美しいと述べている。

書いてみよう

きみは、どの季節のどんなところが好きかな？

五十字程度で書いてみよう。

完成問題②

得点
／100点

学習日
／　日

1 次の文章を読んで、下の問いに答えなさい。

みぎは《波打ちぎわ》にうち上がらん《うち上がろう》とするところに、押《お》し並べて、むずと組んでどうど《どしんと》落ち、取つて押さへて首をかかん《切ろう》とかぶとを押しあふのけて《あおむけにして》見ければ、年十六、七ばかりなるが、薄《うす》化《げ》粧《しやう》してかね黒なり《歯を黒く染めている》。我が子の小次郎《こじらう》がよはひ《年齢ぐらい》ほどにて、容顔《ようがん》まことに美麗《びれい》なりければ、①いづくに刀を立つべしとも覚えず《どこに刀を突きさしたらよいかわからない》。

「そもそも、いかなる人にてましまし候《さうら》ふぞ《いらっしゃいますか》。名のらせたまへ《お名のりください》。助けaまゐらせん。」

と申せば、

「bなんぢはたそ《そなたはだれだ》。」

と問ひたまふ。

「物その者《名乗る者》で候はねども、武蔵《むさし》の国の住人、熊谷次郎直実《くまがへのじらうなほざね》。」と、名のり申す。

「さては《それでは》、なんぢにあうて《向かっては》は名のるまじいぞ《名乗るまいぞ》。②なんぢがためには、よい敵《かたき》ぞ。名のらずとも、首を取つて人に問へ。見知らう《見知っている》ずるぞ《だろうよ》。」

と③ぞのたまひける《おっしゃった》。

（「平家物語」巻九より）

(1) 〰〰線a・bを現代仮名遣《かなづか》いに直しなさい。（各8点×2＝16点）

a まゐらせん

b なんぢ

(2) ――線①「いづくに刀を立つべしとも覚えず」とありますが、その理由として最も適切なものを次から選び、記号で答えなさい。（12点）

ア 若武者が、わが子と同じくらいの年で、美しかったから。

イ 若武者が、身分が低く、若い武将であったから。

ウ 若武者が、わが子の小次郎《こじろう》だったから。

(3) ――線②「なんぢがためには、よい敵《かたき》ぞ」とありますが、若武者が熊谷《くまがえ》にこのように言った理由として最も適切なものを次から選び、記号で答えなさい。（12点）

ア 自分は年が若くて武術に劣《おと》り、首を取りやすいから。

イ 自分は身分が高く、首を取れば手柄《てがら》となるから。

ウ 自害しようと思っていたので戦う気持ちがないから。

(4) ――線③の「ぞ」と「のたまひける」のような結びつきのきまりを何といいますか。（10点）

2 次の漢詩と書き下し文を読んで、下の問いに答えなさい。

*春望《しゅんぼう》　杜甫《とほ》

①*国破レテ山河在リ
*城春ニシテ草木深シ
*感ジテハレ時ニ花ニモ*濺ギレ涙ヲ
②*恨《うら》ンデハレ別レヲ鳥ニモ驚《おどろ》カスレ心ヲ
*烽火連ナリ二三月ニ一
*家書抵ル二万金ニ一
*白頭搔ケバ更ニ短ク
*渾ベテ欲スレ不《ざ》ラントレ勝ヘレ簪ニ

《書き下し文》

国破れて山河在り
城春にして草木深し
時に感じては花にも涙《なみだ》を濺《そそ》ぎ
[　　　　　　]
烽火三月《ほうくわさんげつ》に連なり
家書万金《ばんきん》に抵《あた》る
白頭搔《か》けば更《さら》に短く
渾《す》べて簪《しん》に勝《た》へざらんと欲《ほっ》す

*春望…春の眺《なが》め。
*国破…国の都が破壊《はかい》されて。
*城…城壁《じょうへき》で囲まれた都市。
*感レ 時…時世のありさまに悲しみを感じては。
*濺レ 涙…涙を流す。
*恨レ 別…家族との別れを恨んでは。
*烽火連二 三月一…戦火は三箇月《かげつ》続いて。
*家書…家族からの手紙。
*白頭搔更短…しらが頭はかくたびに薄《うす》くなり。
*渾欲レ 不レ 勝レ 簪…もうすっかり冠《かんむり》をとめるかんざしもさせないほどである。

(1) この漢詩の形式を次から選び、記号で答えなさい。　(10点)
ア　五言絶句《ごごんぜっく》　イ　七言絶句《しちごん》
ウ　五言律詩《りっし》　エ　七言律詩
[　　]

(2) この漢詩において、韻《いん》をふんでいる漢字（句の終わりが同じ音の漢字）を四つ探して、書き抜《ぬ》きなさい。　(完答10点)
[　]・[　]・[　]・[　]

(3) ——線①「国破山河在／城春草木深」といった表現から作者のどんな考えがわかりますか。最も適切なものを次から選び、記号で答えなさい。　(10点)
ア　自然に比べて、人間の営みははかないものである。
イ　人間の営みによる自然破壊《はかい》をくい止めるべきである。
ウ　人間の営みは自然の力によって支えられている。
[　　]

(4) ——線②「恨別鳥驚心」を書き下し文に直しなさい。　(10点)
[　　　　　　]

(5) この漢詩に描《えが》かれていることとして最も適切なものを次から選び、記号で答えなさい。　(10点)
ア　失われた自然に対する悲しみと戦争への怒《いか》り。
イ　世相や自分自身に対する絶望と悲しみ。
ウ　自分自身に対する悲しみと家族への感謝。
[　　]

中学基礎がため100%
できた! 中2国語
読解

2021年2月　第1版第1刷発行
2024年5月　第1版第5刷発行

発行人／志村直人
発行所／株式会社くもん出版
〒141-8488
東京都品川区東五反田2−10−2 東五反田スクエア11F
☎ 代表　03(6836)0301
編集直通　03(6836)0317
営業直通　03(6836)0305

印刷・製本／共同印刷株式会社

デザイン／佐藤亜沙美(サトウサンカイ)
カバーイラスト／いつか
本文イラスト／福田玲子
本文デザイン／山内道代(京田クリエーション)
編集協力／株式会社エイティエイト

ISBN 978-4-7743-3116-4

CD57513

くもん出版ホームページ　https://www.kumonshuppan.com/

*本書は『くもんの中学基礎がため100%　中2国語　読解編』を改題し,新しい内容を加えて編集しました。

知っておきたい ことわざ・慣用句

ことわざ

①動物に関係することわざ

虻蜂《あぶはち》取らず

意味 二つのことを同時にしようとして、結局はどちらもできなくなること。

※虻と蜂を一度にとるのは無理なことから。

同類 「二兎《と》を追う者は一兎をも得ず」（「兎」はうさぎのこと。）

馬の耳に念仏

意味 いくら意見や忠告をしても効《き》き目がないこと。

※馬に念仏を聞かせてもありがたみがわからないことから。

同類 「馬耳東風《ばじとうふう》」「猫《ねこ》に小判《こばん》」

飼い犬に手を噛《か》まれる

意味 世話をしたり、かわいがったりしていた者から裏切られ、害を受けること。

すずめの涙《なみだ》

意味 極《きわ》めて少ないこと。

能《のう》ある鷹《たか》は爪《つめ》を隠《かく》す

意味 本当に能力のある者は、それを人に見せびらかさない。

②意味を誤りやすいことわざ

住めば都

意味 どんな場所でも一度住んでしまえば、その場所がよくなるものだ。「住むなら都がよい」と意味を誤りやすい。

情けは人のためならず

意味 人に親切にしておけば、めぐりめぐって自分にもよい報《むく》いがある。「人に情けをかけると、その人のためによくない」と意味を誤りやすい。

③その他の知っておきたいことわざ

石の上にも三年

意味 何事もしんぼうしていれば、よい成果が得られる。

※冷たい石の上でも三年座《すわ》っていれば暖かくなるということから。

弘法《こうぼう》にも筆の誤り

意味 すぐれた人でも、失敗をすることがある。

※「弘法」とは、書の名人といわれた弘法大師《こうぼうだいし》のこと。

同類 「かっぱの川流れ」「さるも木から落ちる」

灯台下《もと》暗し

意味 身近なことは案外わからないものである。

※「灯台（ろうそくを立てる台）」の真下は光があたらなくて暗いことから。

中学基礎がため100%

できた！中2国語

読解

別冊

解答と解説

・難しい問題には解説がついています。よく読みましょう。
・例は、自分で言葉を考えて書く問題の解答例です。
同じような意味であれば、解答と全く同じ答えでなくても正解です。
・別解は、（　）の中に示してあります。（　）の中の答えでも正解です。

KUMON

一章 説明文 ❶ 指示語 基本問題①

P.4
1 確認
★ 薬局
(1) ものさし
(2) くつ
(3) 赤レンガの建物
(4) 棚の上の薬

P.5
2
❶
(1) 駅
(2) 深海
(3) 川沿い　小さな公園
(4) 花で飾られた門
(5) 新しい図書館

❷
(1) 待ち合わせ場所　公園
(2) 父の故郷
(3) 北海道
(4) 君の家
(5) 赤い帽子
(6) アメリカ

一章 説明文 ❶ 指示語 基本問題②

P.6
1
❶
(1) 子供の頃に家族で箱根に行ったとき
(2) 学校　運動会
(3) みんな　動物園

❷
(1) 直径一メートルはあろうかという大きな
(2) 遊園地の入園料が中学生から大人料金
(3) 勘を頼りに勉強をする

P.7
2
❶
(1) 二人とも相手の言葉が信用できない
(2) 子供が欲しがる物
(3) 大声でわめきちらすとやがて泣き始める

❷
(1) カツオやマグロ
(2) 人間が存在するから世の中の物が存在するのだという
(3) 日本の公用語をフランス語やドイツ語にしようという意見

一章 説明文 ❶ 指示語 基本問題③

P.8
1
❶ 大きな木
❷ 評判の美人や歌舞伎役者たちのブロマイド
❸ 植物自身が出す老廃物
❹ 自分の役割

P.9
2
❶ ① 雑木林、畑、田んぼ、川、ため池
② 長い年月をかけて、人の手が加えられてきた（前に「長い年月をかけて、」がなくても正解。）
❷ 攻撃的な知性
❸ 海へは入らない

3
例 十字架の片一方をかつぐ
解説 「十字架の片一方をかつがせた」は、文意が通らないので正解ではない。

一章 説明文 ❶ 指示語 標準問題

P.10

1

(1) ラッシュ～に任せる

(2) パーク-アンド-ライド

(3) 歴史と文化～新しい問題

(4) イ

P.11

2

(1) 無知の自覚

解説 「これ」の部分に答えをあてはめて、文脈が通るか確認してみるとよい。

(2) 「私はもう～っている人

(3) イ

解説 何ができないと学びが始まらないのか。前の部分に着目して答える。

(4) 生きて暮らして　師

解説 直前の三文に着目する。「会ったことのない人を『師』に見立てることも可能」であるように、「生きて暮らしていれば、いたるところに師あり」なのである。このような状態になるためには、日頃《ひごろ》からアンテナの感度を上げる必要がある、という内容を読み取る。

一章 説明文 ❷ 接続語 基本問題①

P.12

確認 ★

(1) 天気が気がかりだ

(2) 中止になった

P.13

1

① イ

② ウ

③ ア

④ ウ

2

① イ

② ア

③ ア

④ ウ

一章 説明文 ❷ 接続語 基本問題②

P.14

1

① 復活させた　高性能　線路を敷設

② 役に立たない　貴重な

P.15

2

①

(1) ふわふわ　削る前

(2) イ

②

(1) 野生動物　子グマ

(2) ウ

解説 「ただし」は、前に述べた事柄《ことがら》の補足説明を示している。

一章 説明文 ❷ 接続語 基本問題③

P.16

1

① イ

② イ

2

① ウ

P.17

❷ ウ
❸ イ
❹ イ
❺ ウ
❻ ア

一章 説明文 ❷ 接続語 標準問題

P.18

1

(1) A イ　B エ
(2) ウ

解説 ――線部は、「絵は写生が基本である。想像で描《えが》く作品のほうが少ない。」ということを指して、これの「逆」だと述べている。

(3) ① 大量生産　② イ

解説 ② Ｉ には「ところが」が入る。

P.19

2

(1) A イ　B ウ
(2) 愚かな行為　頑固なおやじ
(3) 年がいくと

解説 〔 〕の一文中の「この構図」は、「岩の上のリーダーと海の中の若いサルたちの構図」を指す。

一章 説明文 ❸ 内容の理解 基本問題①

P.20

確認 ★

① 欧米
② 一発ずつの花火をじっくり鑑賞できる打ち上げ方法

P.21

1

① クマ
② 人間

2

・光のじゅうたん　・光の海

3

(1) 皇帝や国王に謁見した臣下が退出するときの

解説 最初の一文に着目する。

(2) 対面した両者の間に危機的な緊張が存在する

一章 説明文 ❸ 内容の理解 基本問題②

P.22

1

・人の「知性」〜の「知性」

2

(1) イースター島
（「絶海の孤島」でも正解。）
(2) 有限の資源

P.23

3

A ウ　B ア　C イ　D ア

解説 Aは、直前に「モアイを作った」とあることから答える。Bは、直前の「バナナや……などの」からわかる。Cは、第二段落の最後の一文に「木がなくなったため」とあることや、Cの消滅《しょうめつ》は、すぐあとに書かれた表層土壌《どじょう》の流失の原因になったことに着目して答える。Dは、文頭の「こうして」が指し示す内容を考えて選ぶ。

4

(1) 幾つもの視点
(2) A 一視点画　B 多視点画

解説 小学校の低学年や幼児の絵が、高学年になるとどう変わるのかを考える。「弥生《やよい》の絵は、小さい子供の絵とよく似て」いるとあり、また、「弥生の絵は……多視点画と呼ぶことができ」るとあることから、小学校の低学年や幼児の絵が、弥生の絵と同じく多視点画であることをとらえて答える。

一章 説明文 3 内容の理解 標準問題

P.24 **1**

(1) 自分の「心

(2) A ア B イ C イ

解説 気に入った服を着るためには、おなかは「全然すかない」という、心と体が分離《ぶんり》した心理状態を読み取る。

(3) 全く別々のもの

解説 一つ前の文から探す。

P.25 **2**

(1) それは、誰も見

(2) A ア B イ C イ

(3) 似ているけれども異なっている 比較して

解説 第二段落をよく読む。「ある事柄《ことがら》について考えるとき、……いっそう深まることがある。」という一文に着目する。

一章 説明文 4 段落の要点と文章構成 基本問題①

P.26 確認

★ (1) 工夫 きれいな川 十年 ホタル

(2) ア

P.27 ▼

1 [1] ウ [2] イ [3] ア

2 [1] イ [2] ウ [3] ア

一章 説明文 4 段落の要点と文章構成 基本問題②

P.28 **1**

(1) ([1]段落) 屋根飾りのついた楼閣の絵 珍しい 社会の仕組み

([2]段落) 階級 支配者

(2) ウ

P.29 **2**

(1) ([1]段落) 立ち止まったままで話しかける

([2]段落) クマの行動を刺激しない 話しかけられることへのとまどい

(2) ウ

一章 説明文 4 段落の要点と文章構成 基本問題③

P.30 **1**

(1) イ

解説 [1]段落ではカタカナ語が分かりにくいという高齢《こうれい》者《しゃ》の嘆《なげ》き、[2]段落では英語圏《けん》出身の外国人の指摘《してき》が紹介《しょうかい》されている。

(2) 要は、物事

解説 「要は、……と思います。」という表現に筆者の考えがまとめられている。

(3) ([1]・[2]) ウ ([3]) イ ([4]) ア

P.31 **2**

(1) ウ

解説 花火が消える時の余韻《よいん》やはかなさなど、消えることで完結する芸術について述べている。

(2) ウ

解説 1段落では「花火が消える時」の様子について述べ、2段落では「一発のできばえ」以外の花火の魅《み》力《りょく》について述べている。

(3) 華やかさとはかなさ　高い技術

解説 筆者の最も言いたいことは、この段落に書かれている。

(4) イ

解説 1・2段落では花火の魅力について述べ、3段落では筆者の意見を述べている。

一章 説明文 ❹ 段落の要点と文章構成 標準問題

P.32 **1**

(1) 路面電車　人　環境

(2) ・デザイン上の工夫　・クリーン　・経済性

(3) ア

解説 段落の初めの言葉に着目する。2段落「まず」、3段落「次に」、4段落「さらに」に着目すると、2〜4段落は、新しい路面電車は長所をもっているという1段落で述べたことの具体的な説明を三つ述べていることがわかる。また、5段落の初めの「このように」は、前の段落を受けてまとめて述べることを表す言葉。

P.33 **2**

(1) ぼくは日ご

解説 「ぼくは日ごろから……と考えている。」の一文に、筆者の考えが述べられている。筆者の考えや主張、文章の要点が述べられた文が中心文である。

(2) 「障害者」

(3) 物理的な壁　心の壁

(4) ウ

解説 1・2段落では、環境《かんきょう》の不備による物理的な壁《かべ》がなくなれば、体の不自由な障害者の障害がなくなることが述べられている。3段落では、その話題を進めて、物理的な壁を取り除くには、人々の障害者・高齢《こうれい》者に対する心の壁を取り除くことが大切だと述べられている。

一章 説明文 ❺ 筆者の意見と要旨 基本問題①

P.34 確認 ★

(1) 心のバリアフリー

(2) また一人、

(3) 心の壁　慣れ

P.35 **1**

❶ 水田は空気

❷ 動物たちか

2 学力を「学

解説 かぎかっこ（「」）も一字に含《ふく》めて答えることに注意する。

一章 説明文 5 筆者の意見と要旨 基本問題②

P.36 1

❶ 自然　理解　適応　ガイアの知性

❷ かけがえのない　誇り

P.37 2

❶ イ

解説 敬語が少ないと思われがちな英語にも、別の形で敬意を表す表現がある。一方、現代の日本人は、敬語を失ったにも関わらず代わりの表敬表現を添《そ》えるのを忘れているのではないかと、筆者は述べている。

❷ ウ

解説 最後の一文に、筆者の伝えたい内容が書かれている。

一章 説明文 5 筆者の意見と要旨 標準問題

P.38 1

(1) 名君　年寄った　行動

(2) 非常に保守的

(3) ウ

解説 筆者は、最も優《すぐ》れた年寄りのサル「カミナリ」を例にとって、その「カミナリ」ですら新しい行動は開発できないことを述べている。

P.39 2

(1) ア

(2) 静かにだいじな話　雰囲気　周りの人たち　共感

(3) 恥ずかしい　周囲の共感　失敗

解説 最後の段落に筆者の考えが述べられている。「恥ずかしいという感情」にとって、本質的なことは「失敗」ではなく、「周囲の共感があるかどうか」であると筆者は述べている。

一章 説明文 たしかめよう 完成問題①

P.40

(1) A エ　B イ

解説 [B]のあとでは、前に述べた三つの方法に加えて他の方法を説明している。

(2) ア

(3) ② 原語の意味～翻訳借用」　③ アルファベ～用いる方法

P.41

(4) 単純借用

解説 原語を日本語ふうの発音に直すだけで、そのまま用いることを「単純借用」という。

(5) 和製英語

(6) イ

解説 最初の段落で、「外国から新しい物や概念《がいねん》がもたらされるとき、それを受け入れる方法」にはどんなものがあるのかという話題を示し、第二段落以降で具体的に説明している。

(7) ウ

解説 単純借用、翻訳《ほんやく》借用、転用、アルファベットをそのまま用いる方法、和製英語、以上五つの方法があげられている。

一章 説明文 たしかめよう 完成問題②

P.42

(1) エ

解説 □のあとで前と同じ内容が言い換《か》えられているので、言い換えの「すなわち」が入る。

(2) ア

(3) イ

解説 次の段落で、その「雰囲気《ふんいき》」が説明されている。

(4) 人間が、どう

(5) 示唆

解説 「示唆《しさ》」とは、それとなくものごとを示すこと。筆者は、鯨《くじら》や象が「なにかとてつもなく大切なもの」を人類に教えてくれるために存在し続けているのではと考えるようになったというのである。

P.43

(6) 年長者から生きるためのさまざまな知恵を学ぶ

解説 理由を問われているときは、本文中の「～から」「～ので」「～ため」などの表現に着目する。ここでは、6段落の最後で「ゆっくりと成長するのだろう」とあり、その直前に理由が書かれている。

(7) 6

解説 各段落の要点をつかんで大段落に分ける。5段落では、前段落の「畏敬《いけい》の念」が説明されている。

書いてみよう

例 人間と象や鯨が、同じような大脳新皮質の大きさをもち、同じような成長過程をたどることを知って驚いた。象や鯨も、私たちのように、いろいろな出会いを経て経験を積み成長していると思うととても興味深い。（九十六字）

二章 小説 1 場面をとらえる 基本問題①

P.44

確認 ★ 時 夕方
登場人物 男の子 お母さん
できごと ハンカチ 色 プリント

1 ① 夏 敏也 ② イ

解説 「背広に黒いネクタイを締《し》めている」ようなかっこうをするのはどんな時か考える。

P.45

2 ① 防空壕 ② ア

3 ・夜明け
※一日の中のいつかは、「少し白み始めた空」という表現から推測される。
・四（「4」と書いても正解。）
・金木犀の巨木

二章 小説 1 場面をとらえる 基本問題②

P.46

1 ① 発音 ② 曲芸

P.47

2 ア

解説 少年が、無線機を使って、ハッチ-アウトについて紺野《こんの》先生にたずねていることから読み取る。

3 ❶ 僕　ぐうちゃん

❷ メロス　荒れ狂う波

解説 「荒れ狂う波」を、「百匹の大蛇」と答えないこと。「百匹の大蛇」は、「荒れ狂う波」のたとえであって、メロスが実際に闘《たたか》った相手ではない。

4 サチ　イタドリ　初めて

二章 小説 ❶ 場面をとらえる 基本問題③

P.48

1 (1) (Aの場面) 部屋の中

(Bの場面) 草の中

(2) 例 白熊のような二匹の犬

(3) ウ

解説 「にゃあお」といった鳴き声や、犬から逃《に》げることから読み取る。

P.49

2 (1) 夏

解説 ——線部は、芋畑《いもばたけ》に青々とした葉が一面に波打っている様子を表すので、季節は夏である。

(2) あぜ道　ヒロ子さん　芋畑　夢中

(3) ① 艦載機

② 大きな石

③ 芋畑の中に倒れ込んだ

二章 小説 ❶ 場面をとらえる 標準問題

P.50

1 (1) 春　夏

(2) ウ

解説 フックが死ぬ間際《まぎわ》の鳴き声である。

(3) 居間

(4) エ

解説 「身じろぎ一つしていない」という表現などから、「死」を読み取る。

P.51

2 (1) ① 七月三十一日の夜

② 芋畠　露天の壕　待避

(2) 手をついて農夫に詫びた

(3) 背中　母

(4) ア

解説 清太《せいた》、節子《せつこ》、農夫、お巡《まわ》りの四人。

(野坂昭如著「火垂るの墓」(新潮文庫刊『アメリカひじき・火垂るの墓』所収)より部分転載)

二章 小説 ❷ 心情を読み取る 基本問題①

P.52

確認 ★ (1) さびしい

(2) イ

(3) イ

P.53

1 ❶ 面白くない

❷ 怖かった

❸ 恐怖

2
(1) 命令口調　鳥
解説 「しぶしぶ」は、いやいや行う様子を表す。
(2) ア
解説 あとで「文句を言っていた」とあるので、不本意な仕事と思っていることがわかる。

二章 小説 2 心情を読み取る 基本問題②

P.54
1
① イ
② ア
解説 ——線部は、「もう逃《に》げられない」と悟《さと》ったときの苦しそうな笑いである。
2
① イ
② ア
P.55
3
① ウ
解説 自分たちが食べられるという状況《じょうきょう》にあることに気づいたときの心境を考える。
② ア
解説 「ため息をつく」は、失望や心配のときもあるが、ここでは感動を表す。「口に含《ふく》むと甘《あま》い香りが体じゅうにしみわたり」から、お菓子《かし》に対する感動であることを読み取る。
4
渡し舟　学校　チャボの卵　孵る

二章 小説 2 心情を読み取る 基本問題③

P.56
1
(1) イ
(2) ウ
2
(1) あまりのこ
(2) 明るくなった
P.57
3
(1) 夢から覚めた
(2) 希望
解説 夕日によって葉や枝が燃えるばかりに輝《かがや》いている様子が、メロスの希望にあふれる気持ちを象徴《しょうちょう》している。
4
(1) ア
解説 「せっかく女子が旋盤《せんばん》やっとるんやから」を受けている。「女子」だとなぜ「決ま」るのか、つながりがわからなかったのである。
(2) イ
解説 「ざらざら」とは、なめらかでないこと。素直《すなお》に喜べない気持ちを擬態語《ぎたいご》で表している。

二章 小説 2 心情を読み取る 標準問題

P.58
1
(1) イ
解説 二人に話した理由は、「馬も飲んでしまうでっかい……本当だったらきれいだろうなと思ったから」と書かれている。だますつもりはなく、おもしろさや感動を共有したかったのである。

(2) ウ

解説 友達から「信じない」と言われた「僕《ぼく》」は、「そう言われればそうだ」と思っている。

(3) ウ・エ（順不同）

解説 「ぐうちゃんに僕の人生が全面的にからかわれた感じ」がしたことと、「僕までほら吹《ふ》きになってしまった」と思っていることから、「僕」の気持ちを考える。

P.59

2

(1) ウ

(2) くやしい

(3) ア

解説 兄《あい》やんがサチに「見なかったことにしろ」と言っていることに着目する。そのためには、見ていたことをテツオに知られては困るのである。

(4) のけ者 山

解説 兄やんの「こんなことが……テツオはのけ者にされる。もう、山にもこれなくなる。」という言葉から、気持ちを読み取る。

二章 小説 3 人物像をつかむ 基本問題①

P.60

確認 ★

「彼」 弱虫

ヒロ子さん 五 大柄 勉強

二人の共通点 東京

二人の関係 かばって

P.61

1

① 同級生 細長い 小さく丸い

② 小学六 ゴルフ

2

(1) ハンディ 魅力 抜き差し 夢中

(2) イ

解説 「心《しん》のがんばりが自然と周りに浸透《しんとう》していった」とある。

3 イ

4 三十 十 故郷

二章 小説 3 人物像をつかむ 基本問題②

P.62

1 里穂 豊 久 末っ子（「豊」と「久」は順不同）

解説 「私」は、末っ子の詩穂《しほ》である。

2 人見知り 女子校 あこがれていた

P.63

3

(1) いつも大事に

(2) サチのうし

4

① おれは、もう生涯、犬を飼うのはやめるぞ。

② 例 かけがえのない

（「非常に大切な」「生涯忘れられない」なども正解。）

二章 小説 3 人物像をつかむ 基本問題③

P.64

1

① 筆まめ

解説 「筆まめ」は、手紙や文章などをめんどうがらずによく書く性格をいう。

P.65

② 暴君　照れ性

2
(1) 単純
(2) ウ

3
イ
解説 二人の紳士《しんし》は、動物を撃《う》ち殺すことを喜び、楽しみとしている。生き物の命を何とも思っていないのである。また、飼い犬が死んだことを金額で表していることから「計算高い」ともいえる。

4
横暴　言い訳　うそ
解説 兄の行動や、兄と妹の会話文に着目する。

二章 小説 ③ 人物像をつかむ　標準問題

P.66

1
(1) 母親の弟　ぐうたら
解説 「僕《ぼく》のおじさん」は、「母親の弟」で、僕の家で「ぐうたら」しているから、「ぐうちゃん」というあだ名になったと書かれている。
(2) 怒るけど「〜ているから
解説 直前の「〜から」に着目する。
(3) 力仕事
(4) ア
解説 「ぐうちゃん」は、母に怒《おこ》られてもぐうたらな生活を続けており、社交的な性格とはいえない。ちょっと「変わった」、マイペースでのん気な人なのである。「僕」の家にいても、本を読んだりカメラの掃除《そうじ》をしたり、自由気ままな生活を送っている。

P.67

2
(1) ウ
解説 智《さとし》は、六年生の自分と「入れ替《か》わって五年生でただ一人ベンチ入りした長尾《ながお》君にも笑顔《えがお》で接する」ことができるような素直《すなお》な人物である。**ア**は、自分が犠牲《ぎせい》になっているわけではないので誤り。
(2) 負けず嫌い
(3) 高校時代　頑張る
解説 頑張《がんば》ればいいことがある、とは言えないのは、徹《てつ》夫《お》も高校時代「必死に頑張って」も「報《むく》われなかった」ことがあるからである。
(4) イ
解説 智と徹夫は正反対の性格であることをおさえる。

二章 小説 ④ 表現に注意する　基本問題①

P.68

確認
★
「直喩法」 猫の目　宝石
「隠喩法」 白い羊
「擬人法」 花

P.69

1
返事　整った　ワープロの文字

2
ウ

3
① 逃がした小鳥
② 息づいている

4
(1) 焼き立てのクッキー
(2) 目が覚める

P.70

二章 小説 ④ 表現に注意する 基本問題②

1 ア

2 少年はタオ

3 体言　体言止め

解説 名詞や代名詞を「体言」という。

P.71

4 バケツ

解説 いろいろな食べ物を投げ込《こ》まれて、「幸福な胃袋《いぶくろ》」のようであるのは、「土のバケツ」である。直喩法《ちょくゆほう》は、「～ように」「～みたいに」などを使ってたとえる表現技法で、ここでは、「土のバケツ」を胃袋にたとえている。

5 ヒロ子さん
（「ヒロ子」でも正解。）

6 ❶ ① ア　② エ

解説 ①は「スコップの土をかむ音」、②はスコップに小石が当たる音。

❷ ① ア　② エ　③ イ

P.72

二章 小説 ④ 表現に注意する 標準問題

1 (1) 雲　海風　かけひき

(2) イ

解説 「鋭角《えいかく》」とは、直角より小さいするどい角度のこと。また、するどいことのたとえ。「鈍角《どんかく》」はその反対の意味である。「凍《こお》りつく冬」の波頭の冷たい、厳しいイメージに合うものを選ぶ。

(3) 風

(4) ウ

(5) 白ウサギの跳躍

解説 激しい風によって白い波が立つ様子をたとえている。

P.73

2 (1) くしゃくしゃの紙くず

(2) ウ

(3) ① 二匹　犬　② 白熊　③ ふっふっ

(4) イ

P.74

二章 小説 ⑤ 主題をとらえる 基本問題①

確認 ★ イ

解説 「兄《あい》やん」が、テツオやシュンちゃんから小さなイタドリを受け取っていることなどから読み取る。また、初めてイタドリをとった妹への思いやりを読み取る。

P.75

1 ❶ ア

解説 育海《いくみ》は、前半で兄に対しての不満を述べているが、後半ではこっけいな兄の姿を温かく思い描《えが》いている。間に「それにしても」とあることに注意して考える。

❷ イ

解説　最後の一文に「朗《ほが》らかな心持ちがわき上がってくるのを意識した」とあることに着目。

2　与えてる　クリスマスプレゼント

二章　小説　5　主題をとらえる　基本問題②

P.76

1

(1)　お父さんは死んでしまった

解説　次の段落に「お父さんは死んでしまったと、つくづくよく分かりました」とある。

(2)　①　ア　②　ウ

解説　少年にとって防空壕《ぼうくうごう》は、お父さんと話ができる唯《ゆい》一《いっ》の場所であった。少年が防空壕を大切に思うのは、お父さんとのつながりを失いたくないという、お父さんをしたう気持ち（①）からで、その防空壕を失った少年は、悲しみ、孤独感《こどく》（②）に包まれる。

P.77

2

(1)　イ

解説　少し後に「信じさせてやりたい」と書かれている。ただ、そのためにどうすればいいのかが、分からないのである。

(2)　イ

解説　徹夫《てつお》の「でもなあ、レギュラーは無理だと思うぞ、はっきり言って」という言葉にもあるように、両親は野球部に入っても活躍《かつやく》できないと思い、他のスポーツを勧《すす》めていることが分かる。

(3)　ウ

解説　野球部でいいのかとたずねる両親に対し、「僕《ぼく》、野球好きだもん」という拍子《ひょうし》抜《ぬ》けするような言葉を聞き、徹夫は言葉に詰《つ》まっている。

二章　小説　5　主題をとらえる　標準問題

P.78

1

(1)　・信じられている
・恐ろしく大きいもの

(2)　ア

解説　メロスは本来、約束の時刻に間に合い、セリヌンティウスの命を救うために走っている。しかし、——線部では、「間に合う、間に合わぬは問題でない」「人の命も問題でない」という、結果を考えない境地に達している。

(3)　ア

P.79

2

(1)　地下で頑張っている足腰

(2)　生々しい生き物としての存在感

解説　土の上に出ている花の可憐《かれん》さより、その下の根がもつ強い力に雅之《まさゆき》君は引きつけられている。

(3)　イ

解説　雅之君は、ホームレスのバンさんに、植物の上の部分だけではなく、「地下で頑張《がんば》っている」根に目を向けること、そうすることで物を見る「目が新しくなる」ことを教えられる。この文章では、バンさんとの出会いによって、雅之君の植物を見る目が変わったことが描《えが》かれている。

二章 小説 たしかめよう 完成問題①

P.80

(1) A ア　B イ　C ウ

解説 Aは、「運動ときたら学業以上の苦手」という「僕《ぼく》」が、駆《か》け回るのにふさわしい言葉を選ぶ。Bは、「心配する」という気持ちを表す言葉を選ぶ。Cは、いろいろな思いがけないものばかりが飛び出す様子にふさわしい言葉を選ぶ。

(2) ① 鉄筋コンクリート三階建ての校舎
② ウ

解説 学業も運動も苦手で、特技もない。人から好かれる性質でなく、不良少年でさえない。先生からも冷たい目で見られている。このような「僕」が学校によいイメージをもっていないのは当然であろう。校舎が、暗く、陰気《いんき》な建物に見えたのは、そのためである。

P.81

(3) ・全くとりえのない生徒
・全く人好きのしないやつ

(4) ア

解説 「…でさえなかった」という表現に着目する。

(5) イ

書いてみよう

例 「僕」は、とりえのない生徒で、学校生活も楽しくなさそうだ。しかし、そんな状況にあっても「まあいいや、どうだって。」と考える「僕」に共感を覚えた。（七十二字）

二章 小説 たしかめよう 完成問題②

P.82

(1) A イ　B エ　C ア　D ウ

解説 浩《ひろし》の小刀…よく光る…丸刃《まるば》↓失敗
宗一《そういち》の小刀…縁《ふち》だけ光る…平ら↓成功

(2) a

P.83

(3) イ

解説 ――線②の直後の「宗一に見せる」に着目する。

(4) 嘘の後始末の仕方

解説 浩はこのとき、傷の手当ての仕方を聞きたかったわけではないことに注目する。

(5) 緊った気持

解説 水に混《ま》じった血の流れのように揺《ゆ》れ動くものと対比されているものを探す。

(6) ウ

解説 小刀のとぎ方でも、弟への対応の仕方でも、兄にはかなわないと浩は思っているのである。

三章 随筆 筆者の体験や思いを読み取る 基本問題①

P.84

確認 ★
体験 ヒトデ
表現 おもちゃ

P.85

1 筆者の思い 妙な感動

人間全体 反映 美しい 正しい

（「美しい」「正しい」は順不同）

解説 筆者は、まず自分の考えを述べ、最後の二文で、そのように考える理由を述べている。

2 (1) 吟味された言葉

(2) 心からおもしろい 骨格

3 (1) 血と汗と涙の特訓

(2) ウ

三章 随筆 筆者の体験や思いを読み取る 基本問題②

P.86

1 (1) ・燃えるようなオレンジ色

・ビロードのような光沢

解説 「…ような」という表現に着目しよう。比喩《ひゆ》（直喩）表現である。

(2) 不思議なほ

2 (1) 強さ 落ち着いている

(2) 目と心を吸い込むよう

解説 目が離《はな》せなくなり、強く心を奪《うば》われていることを“目と心を吸い込《こ》むよう”とたとえて表現している。

P.87

3 (1) 社会の罰を受ける怖さ 逃げる

(2) イ

(3) イ

解説 最初の段落にもあるように、「逃《に》げる」ことは社会的には「臆病者《おくびょうもの》」と呼ばれることなのである。

(4) 命を捨てない 社会

解説 最後の一文に、筆者の考えがまとめられている。

三章 随筆 筆者の体験や思いを読み取る 標準問題

P.88

1 (1) イ

解説 「何でも一度なくしてしまうと、元には決して戻《もど》らない」「何と多くの物をなくし、何と多くの事々を忘れ去ってきたことか……」から考える。

(2) 言葉や様子 だいじ

(3) 在り方 生き方（順不同）

P.89

2 (1) ウ

(2) 例 毎日毎日の体験に感激を持てなくなり、非常に傲慢になってくる。

(3) 自分たちが～いけるんだ

（終わりの五字は、「っていける」でも正解。）

(4) 無力感 真剣 だいじ

三章 随筆 たしかめよう 完成問題①

P.90

▼ (1) 妹は、まだ字が書けなかった。

(2) 情けない黒鉛筆 小マル

(3) ウ

(4) ア

P.91

(5) ・はだしで表へ飛び出した
・やせた妹の肩を抱き、声を上げて泣いた

(6) イ

(7) ア・カ（順不同）

三章 随筆 たしかめよう 完成問題②

P.92

▼

(1) ① 上気したような、えもいわれぬ色

② 直前 桜の皮

解説 志村《しむら》さんの「桜から」という答えを聞いて、筆者は「桜の花びら」を思ったが実際は違《ちが》ったのである。

P.93

(2) 春先、もう

(3) ① 樹木全身（「大きな幹」も正解。）

② ウ

解説 筆者が、「言葉の一語一語は、桜の花びら一枚一枚だといっていい」ととらえていることに着目し、どのような点が共通しているのかを読み取る。

書いてみよう

例 言葉とは、その人の中身が外に表れるものだと思うので、「美しい言葉、正しい言葉」は、その言葉を発する人の美しさや正しさが表れているのだと思う。（七十字）

四章 詩 1 詩の種類・表現技法 基本問題①

P.94

確認 ★ 詩の種類

(1) 口語 (2) 自由

(3) 口語自由詩

詩に用いられている表現技法

響いている

P.95

▼

(1) ① 文語詩

② 定型詩

③ 七五調 五七調

④ 文語定型詩

(2) うれひは青し空よりも。

四章 詩 1 詩の種類・表現技法 基本問題②

P.96

1

(1) 四

解説 一行空きで、四つの部分から成っている。

(2) ア・エ（順不同）

(3) ア

解説 五音七音から成る言葉が多く、調子がいいが、各行のリズムが決まっているわけではないので、形式的には自由詩である。

(4) 体言

(5) 青空ね、／凧のぶンぶの音アしてる。

解説 「青空」が視覚によって、「凧《タゴ》のぶンぶの音《オド》」が聴《ちょう》覚《かく》によって感じ取った内容である。

P.97

2

(1) 口語自由詩

(2) ① ウ
② イ
(3) ア
(4) イ
解説 「でしょうね」「でしょうか」という表現に着目。

四章 詩 2 詩の鑑賞 基本問題①

P.98
確認
★ (1) ア
(2) 停めること 好く生き

P.99
▼ (1) 写真の前に挿した桜の花かげに
(2) (白)…死の床 歯
(トパァズ色)…香気
(青)…眼
(ピンク)…桜
(黄色)…レモン
(3) ア
解説 レモンを嚙《か》む智《ち》恵《え》子《こ》との思い出を通して、智恵子への愛をうたっている。

四章 詩 2 詩の鑑賞 基本問題②

P.100
1
(1) 5
解説 体言止めになっている部分に着目する。
(2) 空 海 世界 季節 友だち

解説 第一連の五つのものを指している。「まだここからは見えないだけ」なのは何か考える。
(3) ウ
解説 「胸の奥《おく》で／ことばがはぐくんでいる優《やさ》しい世界」も「次の垣根《かきね》で／蕾《つぼみ》をさし出している美しい季節」も「少し遠くで／待ちかねている新しい友だち」も、今はまだ見えていないだけで、きっとこれから出会えるという、希望に満ちた詩である。

P.101
2
(1) 名も知らぬ遠き島
(2) イ
解説 椰子《やし》の実は「故郷《ふるさと》の岸を離《はな》れて」ただよってきたが、「われもまた」そうだというのである。
(3) 故郷 椰子の実
(4) 異郷の涙
(5) イ

四章 詩 3 短歌 基本問題①

P.102
確認
★ 初句…たちまちに
二句…君の姿を
三句…霧とざし
四句…或る楽章を
結句…われは思ひき

1
①
(1) 初句…五 二句…七
三句…五 四句…八

結句…七

解説 短歌をすべてひらがな（音）に直して五つの句に分けると次のようになる。
「つばくらめ／そらとびわれは／みずおよぐ／ひとつゆうやけの／いろにそまりて」

(2) 四

解説 四句目が八音で、定型より一音多い。

P.103

2

❷ B

解説 初句が、「いくやまかは」と六音となっている。

(1) 初

解説 〈通釈《つうしゃく》〉の句点の位置に着目する。「ふるさとの海が恋しい。」に句点があるが、これは短歌では初句の「海恋し」にあたる。

(2) イ

3

(1) A 二 B 三

(2) A

解説 「夕《ゆうべ》」と体言（名詞）で終わっている。

P.104

四章 詩 3 短歌 基本問題②

1

❶ A イ B ウ

解説 Bの「…ごとし」は「…のようだ」という意味の直喩《ちょくゆ》表現。

❷ 薔薇の芽の針 春雨

❸ 足乳根の

解説 「足乳根《たらちね》」と答えないように注意する。

P.105

2

(1) いちはつの花

解説 いちはつの花が咲《さ》くのは五月ごろで、春の終わりを表す。

(2) 今年ばかりの春

(3) ウ

3

(1) 空 海 青 白鳥 白（「空」と「海」は順不同）

(2) イ

解説 全体が青色の中で、ぽつんと一つ白色の白鳥が漂《ただよ》う情景を思いうかべよう。

P.106

四章 詩 たしかめよう 完成問題①

▼

(1) ア

解説 現代の言葉（口語）が使われ、一行の音数に決まりがなく自由なリズムで書かれている。

(2) ア

解説 3行目に直喩法《ちょくゆほう》、8・9・10・11・14行目に擬人法《ぎじんほう》、6行目に倒置法《とうちほう》が使われている。体言止めは、行末を体言（名詞）で終わらせる表現技法で、この詩では使われていない。

(3) 7（行目）〜14（行目）

解説 バスの中から「虹《にじ》の足」がどのように見えるか説明している部分を探す。

(4) ウ

P.107

解説 20・21行目で「バスの中の僕《ぼく》らには見えて／村の人々には見えないのだ。」とある。

(5) ③ 村の人々 ④ バスの中の僕ら

(6) イ

解説 バスの乗客が、村に虹《にじ》がかかったのを見てどのように感じているかを想像しよう。村の人々は、虹が見えずさわろうともしないが、離《はな》れたところから虹を見るバスの乗客にとっては、なぜあんなに近くにあるのにさわろうとしないのか、教えてあげたいほど感動しているのである。

(7) 他人には見えて自分には見えない

解説 この詩の中の「虹の足」とは、「幸福」を象徴《しょうちょう》している。私たちは、当たり前のように「幸福に生きている」ことで、自分が、今、幸福なのだと気づかない。幸福であることを当たり前に感じてしまっているのだ。そのことを、「虹の足」が見えない「村の人々」にたとえて表現している詩である。

四章 詩 たしかめよう 完成問題②

P.108

(1) G

解説 Gは「五・七・六・七・七」になっている。「しゃ・しゅ・しょ」などの拗音《ようおん》は一字に数えるので、Hの初句「観覧車」は五音である。

(2) C 四 D 四 E 三

解説 歌の中で、意味や調子の切れ目になっている箇所《かしょ》を探す。

(3) C・H・I（順不同）

解説 体言（名詞）で終わっている歌を選ぶ。

(4) ウ

解説 「君に待たるるここちして（君がわたしを待っているような気がして）」に着目する。

(5) しんしんと（「しんしん」も正解。）

解説 「しんしんと」は、夜ふけの静けさを表すとともに天から聞こえてくるようなかえるの鳴き声を表している。

P.109

(6) ① I ② F ③ D ④ C ⑤ E ⑥ H ⑦ A ⑧ G ⑨ B

解説 ②の「色の対照」は、Fの「草わかば」の緑と「色《いろ》鉛筆《えんぴつ》の赤き粉《こ》」を表している。⑥の「対句《ついく》」は、Hの「君には一日《ひとひ》我《われ》には一生《ひとよ》」の部分である。

書いてみよう

例 I

「寒いね」という言葉を交《か》わし合うことによって、心に「あたたかさ」が生まれる。人とのつながりの大切さ、ありがたさを感じさせる歌だと思った。（六十八字）

五章 古典 1 歴史的仮名遣い 基本問題①

P.110

確認 ★ ① いう ② かい ③ あお ④ いなか

1 ① かわ ② いえ ③ しお ④ やまい ⑤ おもう ⑥ とおる ⑦ わざわい ⑧ いる ⑨ こえ ⑩ おる

解説 現代仮名遣《かなづか》いは、読むように書き表すのが基本。

P.111

2 ① はじ ② あずき

解説 「ぢ」→「じ」、「づ」→「ず」となる。

3 ① がんにち ② ほんがん

解説 「ぐわ」→「が」となる。

4 あっぱれ

解説 促音《そくおん》の「つ」は、小さい「っ」に直す。

5 ① もうす ② きゅうと ③ きょう

解説 ①…「まうす (mausu)」→「もうす (môsu)」。

②…「きうと (kiuto)」→「きゅうと (kyûto)」。

③…「けふ」→「けう (keu)」→「きょう (kyô)」。

6 ① 歌詠みけん ② 月照るらん

五章 古典 1 歴史的仮名遣い 基本問題②

P.112 ▼

1 ① つい ② ひとえ

2 ① わずか ② おもわん

3 ① あやしゅう ② ものぐるおしけれ

P.113

4 ① ように ② おかしけれ

解説 ①…「やうに (yauni)」→「ように (yôni)」。

5 ① とって ② つがい ③ よっぴいて ④ ひょうど

解説 ④…「ひやうど (hiyaudo)」→「ひょうど (hyôdo)」。

6 ① よろず ② なん

解説 ①…「づ」→「ず」となる。

②…「む」→「ん」となる。

7 ① にんがつ ② おりふし ③ ゆりすえ ④ ただよえば ⑤ おうぎ

解説 ①…「にがつ」と答えないように注意する。

⑤…「あふぎ」→「あうぎ (augi)」→「おうぎ (ôgi)」と直す。

五章 古典 2 重要古語と内容の理解 基本問題①

P.114

確認 ★ 古語の意味 とても すばらしい

助詞の意味 月が

古文特有の表現 をかしけれ

P.115

1 ① りっぱに ② おおぜい ③ と言って ④ たいそう

2 (1) おもむき深いものだ

解説 「『あはれなり』は、しみじみとした感動を表すときに使われることが多い」から考える。

(2) 係り結び

解説 「ぞ・なむ（なん）・や・か・こそ」の助詞があると、文末は終止形ではなく、別の活用形（連体形あるいは已然《いぜん》形）となる。このきまりを「係り結び」という。

五章 古典 ❷ 重要古語と内容の理解 基本問題②

P.116 **1**

(1) が を

(2) が の

(3) いいかげんな気持ち

P.117 **2**

(1) a ア b ア c イ d ア e ウ

解説 聖海上人《しょうかいしょうにん》が、出雲《いずも》神社の獅子《しし》と狛犬《こまいぬ》の立ち方がふつうと違《ちが》っていたことに感激して、人々にそれを語り、神官《じんがん》にわけをたずねる。

(2) 獅子 狛犬 背中を向け合って 感激

（「獅子」と「狛犬」は順不同。「感激」は、「感動」などでも正解。）

解説 文章の初めに書かれた獅子や狛犬の様子、それを見た聖海上人の様子に着目する。

(3) ウ

解説 聖海上人が感激したのは、獅子と狛犬の立ち方であるが、そのことについて説明した神官の言葉に着目しよう。神官は、「さがなきわらはべどものつかまつりける（いたずらな子どもたちがいたしました）」と説明している。

五章 古典 ❷ 重要古語と内容の理解 標準問題

P.118 **1**

(1) c

解説 現代語訳を参照しながら「の」の意味を考えよう。cは主語を表す「の」で、「住む人がいるからだろう」という意味である。a・b・dは、いずれも、「緑の 葉」のように、下の体言を修飾《しゅうしょく》する語を作る「の」で、現代語訳中の空欄《くうらん》には、そのまま「の」が入る。

(2) ① イ ② ア

解説 ①…「つゆ……なし（打ち消しの言葉）」で、「少しも（全く・全然）…ない」という意味。

②…「あはれに（基本形は『あはれなり』）」は、しみじみとした感動などを表す。

(3) イ

解説 「少しことさめて」は、「少し興ざめして」という意味。山里のもの寂《さび》しい様子で住んでいる家に情趣《じょうしゅ》（しみじみとした味わい）を感じていたが、その家にあったみかんの木にさくがあるのを見て、興ざめしたのである。「興ざめ」は、風情《ふぜい》などがあっておもしろがっていたものが、つまらなくなること。

P.119 **2**

(1) ア

解説 主語を示す「が」を補う。

(2) ぞ ける

解説 「とぞ言ひける」の「ぞ」。係り結びになるのは、

「ぞ・なむ（なん）・や・か・こそ」である。

(3) ア

解説 仁和寺《にんなじ》の法師が「神へ参るこそ本意《ほい》なれと思ひて、山までは見ず（神にお参りするのが本来の目的であると思って、山までは見ませんでした）」と話していることに着目する。語注にあるように、石清水《いわしみず》は山上にあるのに、付属の寺社である極楽寺《ごくらくじ》・高良《こうら》を石清水だと思って拝んで、帰ってきたのである。

(4) 少しのこと

解説 作者の感想や後日談は、文章の最後に述べられていることが多い。

五章 古典 3 漢文 基本問題①

P.120 確認 ★ 書き下し文の書き方

(1) 高 山 登
(2) き に る

1
(1) A 書 読む
(2) B 漢文 学ぶ
(3) C 天 命ずる 従ふ

P.121 2
(1) 徳孤ならず。

解説 「不《ず》」は、日本語では助動詞にあたる。助動詞、助詞にあたる言葉は、ひらがなに直すのが原則。

(2) 君子は諸を己に求む。

解説 「一」の符号《ふごう》の付いた字まで読んだあとに、「二」の符号の付いた字を読む。

(3) 己の欲せざる所、人に施すことなかれ。

解説 「於」は読まない字。

3
(1) 学ビテ 而 不ざレバレ 思ハ 則チ 罔シ。

解説 「不レ思」は、「思」→「不」の順に読む。一字下の字から上の字に返って読むときに付けるのは、「レ点」。

(2) 思
(3) ウ

五章 古典 4 漢詩 基本問題①

P.122 確認 ★ 漢詩の形式 四 五 五言絶句

漢詩特有の表現 然 年

P.123 1
(1) ア

解説 一行が五言《ごん》（五文字）で、全体が四句（四行）から成る。

(2) 鳥・少（順不同）

解説 五言詩は偶数《ぐうすう》句末に韻《いん》をふむのが原則だが、この漢詩では一句と偶数句末が韻をふんでいる。

(3) ア

2
(1) イ
(2) 楼・州・流（順不同）

解説 漢字を音読みしてみよう。「楼（ロウ）」「州（シュウ）」「流（リュウ）」と、「u」で韻をふんでいる。

(3) イ

五章 古典 たしかめよう 完成問題①

P.124

1

(1) a おのこ　b こずえ

(2) ウ

(3) ウ

解説 高名《こうみょう》の木登りが説明している言葉に着目しよう。「過《あやま》ちは、やすきところになりて、必ずつかまつることに候《さうら》ふ（失敗は、簡単な所で、必ずいたすものでございます）。」と説明している。

(4) ア

P.125

2

(1) a ようよう　b なお

解説 a「やうやう（yauyau）」→「ようよう（yôyô）」。

(2) ア

解説 **ア**は「の」のままの意味。**イ**～**エ**は「が」の意味。

(3) ウ

(4) エ

解説 「雪の降りたるは言ふべきにもあらず（雪が降り積もっているのはいうまでもない）」とあることに着目する。雪が積もったときはもちろん美しいと言っている。

書いてみよう

例 私は、秋が好きです。特に、晩秋のころ、山全体が紅葉で色づいた美しい景色を見るのが好きです。（四十五字）

五章 古典 たしかめよう 完成問題②

P.126

1

(1) a まいらせん　b なんじ

(2) ア

解説 直前の「我が子の……美麗《びれい》なりければ」に着目。

(3) イ

解説 「名のらずとも、首を取つて人に問へ。見知らうずるぞ。」に着目。人に聞けばわかるというのだから身分が高い人物である。

(4) 係り結び

P.127

2

(1) ウ

(2) 深・心・金・簪（順不同）

解説 「深（シン）」「心（シン）」「金（キン）」「簪（シン）」と、「in」で韻《いん》をふんでいる。

(3) ア

解説 都は破壊《はかい》されたが、山や河はあり、草木が茂《しげ》っているとうたっていることから考える。

(4) 別れを恨んでは鳥にも心を驚かす

解説 「レ点」は、下から上へ一字返って読む符号《ふごう》。

(5) イ

解説 戦争は長く続き、家族と離《はな》れ離《ばな》れになったままで老いていく自分の身を嘆《なげ》いている。

2405R5